Nahtod
Nachtod
Naturalismus

Eris Ado

Nahtod, Nachtod, Naturalismus

Bibliografische Information der Deutschen Nationalbibliothek:
Die Deutsche Nationalbibliothek verzeichnet diese Publikation in der Deutschen Nationalbibliografie; detaillierte bibliografische Daten sind im Internet über http://dnb.dnb.de abrufbar.

Herstellung und Verlag: BoD – Books on Demand, Norderstedt

ISBN: 978-3-7412 -2624 -3

Inhalt:

Einleitung

Die moderne Nahtodwelle startete mit Raymond Moody. Es gab schon vorher Berichte über Nahtoderfahrungen und auch wissenschaftliche Beschäftigung mit dem Thema; so schilderte Albert Heim 1891 die Erlebnisse von Schweizer Bergsteigern, die einen Absturz überlebten; aber eine Breitenwirkung erzielten die Veröffentlichungen nicht. Das lag vor allem daran, dass die Autoren Nahtodeserfahrungen als diesseitiges Phänomen einstuften.

Breite Aufmerksamkeit wurde dem Thema zuteil, weil Moody Nahtoderfahrungen (NTE) als Manifestation einer jenseitigen Welt, und damit als Hinweis auf ein Leben nach dem Tod wertet. In seinen leicht lesbaren Büchern erzählt er häppchenweise aufregende Geschichten.

Der Titel seines ersten Buches ließ keinen Zweifel, wohin die Reise gehen sollte. „Life after life" mit dem Untertitel: The investigation of phenomenon – survival of bodily death (dt. Leben nach dem Tod: 150 Menschen, die einmal im medizinischen Sinne gestorben waren und doch überlebt haben).

Dass im Inhalt des Buches die knackigen Aussagen des Buchtitels etwas relativiert werden, als Moody zugibt, dass die vorgelegten Berichte kein Beweis für eine postmortale Existenz sind, schadete dem Verkaufserfolg nicht. Im Gegenteil wurde dieses Eingeständnis als Zeichen der wissenschaftlichen Seriosität des Autors gewertet. Das Buch hatte großen Erfolg und so kam es, dass Moody beim Pflügen des Nahtotenackers schnell Mitstreiter gewann. Auch Dr. Elisabeth Kübler-Ross: „Über den Tod und das Leben danach" und Dr. Michael B. Sabom: „Erinnerungen an den Tod" entwarfen Jenseitsszenarien. Und Kenneth Ring. Und noch viele andere, die halfen, das Thema zu popularisieren. Zeitungen, Zeitschriften, Radio und Fernsehen nahmen sich des Themas gerne an. Verkündeten, dass die Wissenschaft Beweise für ein Leben nach dem Tod gefunden hätte.

Es wäre zu billig, die Massenmedien zu beschuldigen, sie hätten in ihrer auf Auflagen und Quoten bedachten Manier, Unseriosität in eine lupenreine Nahtod-Forschung getragen. Sie haben nur verstärkt, was schon da war. Sensationsheischende, verzerrende Darstellungen waren von Anfang an fester Bestandteil dieser Art von Sterbeforschung. Bei Moody, Kübler-Ross finden sich Behauptungen, die nicht belegt werden können. (Siehe Herzensangelegenheiten)

Die Moodyschen Anfänge der Nahtodforschung waren religiös unbestimmt und stellten ein vorwiegend positives Jenseits dar. Christen entdeckten die Forschung schnell und machten sie mit traditionellem christlichen Glauben kompatibel. Und zu diesem Glauben gehört, neben Belohnung der

Rechtgläubigen, auch die Bestrafung der Sünder. So machten manche Gläubige wie Maurice Rawlings, es sich zur Aufgabe, die Echtheit der Hölle unter Beweis zu stellen. Damit machte er diese Art Forschung auch für Christen, die sich am nur schönen Jenseits gestört hatten, erträglich. Seitdem bevölkern bekennende Christen die Nahtodszene und verkünden beispielsweise: „Den Himmel gibt's echt." Dieses Werk wurde auch verfilmt. Die Einspielergebnisse konnten sich sehen lassen.

Daneben gibt es noch Missionierungsliteratur mittels Bekehrungserlebnissen. Typischer Verlauf: Knallharter Atheist trifft während NTE auf Jesus und wandelt sich zum überzeugten Christen. Oder: Muslimin trifft während einer Nahtoderfahrung auf Jesus und erkennt, dass das Christentum der wahre Glaube ist. (In [57]) Oder auch: Weltliches Po-Modell findet aufgrund einer NTE zum wahren Glauben. (Den der Pfingstgemeinde; siehe [68])

Die Nahtodwelle ist bis heute nicht abgeebbt. Im Gegenteil: Als gewaltiger Kavenzmann fegt sie durch Buch, Zeitschrift und Film. Das Publikum giert nach immer neuen Berichten aus dem Jenseits. Und nimmt auch skepsislos alles auf, was gefällt. Es wird weiterhin dick aufgetragen im NTE-Sektor: Die Buchtitel versprechen ein „Endloses Bewusstsein", „Auch du lebst ewig". NTE-Experten erklären dem staunenden Publikum, „Die ersten drei Tage im Jenseits: was die Seele unmittelbar nach dem Ablegen des Körpers durchlebt", liefern einen „Beweis des Himmels".

Der Ex-Neurochirurg Eben Alexander hat mit „Proof of heaven: A Neuroseogeon's journey into the afterlife " (dt. Blick in die Ewigkeit) den Verkaufsvogel abgeschossen. Sein Buch verkaufte sich millionenfach. Er hat natürlich noch einen draufgesetzt und einen weiteren Titel vorgelegt. „The map of Heaven: How Science, Religion, and ordinary People Are Profing the Afterlife" (dt: "Vermessung der Ewigkeit") Nicht schlecht für jemanden, dessen ärztliche Laufbahn auf Abwege gekommen war. Dem nach Prozessen um Fehlbehandlungen die Operationserlaubnis entzogen worden war. (Siehe: [64])

Wenn es mit der Karriere nicht mehr gut läuft, dann ist der Nahtodsektor eine attraktive Alternative. Mit Büchern, Vorlesungen, Seminaren und Filmen kann ein erkleckliches Einkommen erzielt werden, wenn man die postmortale Welt positiv darstellt. Denn die Leute, die bereit sind Geld auszugeben, präferieren ein angenehmes Jenseits. Der Bücherabsatz der Höllenbeweiser hält sich in engen Grenzen. Daneben gibt es nicht einmal eine Handvoll skeptischer Werke; die sich noch schlechter verkaufen.

Vorteilhaft für den Absatz ist es, wenn der Nahtoderfahrende noch sehr jung oder ein Mediziner ist. Ärzte und Kinder sagen die Wahrheit, glaubt der Bürger. Der Autorität des Arztes und der Unschuld des Kindes werden Vertrauensboni entgegengebracht. Der medizinische Doktortitel vor dem Autorennamen verleiht dem Inhalt Seriosität und Bedeutungsschwere. Ärzte genießen ihre Autorität nicht nur in medizinischen Belangen. Es wird ihnen auch besondere Kompetenz in Jenseitsfragen zugestanden.

Dass es Erlebnisse in Todesnähe gibt, steht außer Zweifel. Dass nicht jeder berichteten Erfahrung uneingeschränktes Vertrauen entgegengebracht werden muss, ist genauso eindeutig, denn Zweifel an der Authentizität müssen nicht unbegründet sein auf einem Gebiet, in dem es um viel Aufmerksamkeit und viel Geld geht. Neben persönlicher Profilierung und Bereicherung geht es um den richtigen Glauben. Die pia fraus, die „heilige Lüge" ist da nicht fern. Für eine nach ihrer Ansicht gerechte Sache sei Lügen erlaubt, glauben einige Glaubensfürsprecher. Egal ob sie sich traditionellem Glauben oder modernem Eso-Glauben verbunden fühlen. Der Autor weiß, was das Publikum lesen will. Dass Berichte frisiert werden, oder ganz erfunden, ist keine haltlose Unterstellung: Der Junge, auf den der Bestseller: „Der Junge, der aus dem Himmel zurückkehrte: Eine wahre Geschichte." zurückgeht, hat gestanden, dass sein Bericht erfunden war.

Warum der Erfolg?

Sicherlich nicht wegen der Güte des vorgelegten Materials. Das war von Anfang an nicht beweiskräftig.

Zum einen wegen eines Glaubensbedürfnisses. Die Leute wollen glauben. Lassen sich nicht abschrecken von der Dürftigkeit der vorgelegten „Beweise". Aufwand ist kaum verbunden mit dem NTE-Glauben. Der normale NTE-Gläubige hat keine Belastungen: ein paar Euros für Bücher, wenn überhaupt. Denn es gibt im Fernsehen und vor allem im Internet auch eine Menge zu diesem Thema. Mehr muss nicht sein.

Thanatologen hatten und haben weitgehend freie Bahn im Populärbereich. Kritik wurde in Fachmagazinen publiziert. Die Sachbücher wurden und werden sehr einseitig von „Gläubigen" bevölkert. Warum gibt es so wenig skeptische Stimmen auf diesem Gebiet? Ein Grund besteht wohl darin, dass auch kritische Geister in Sachen Sterblichkeit immer zurückhaltend waren. Obwohl man ein naturalistisches Weltbild pflegte, sprach man selten aus, dass der Tod das endgültige Ende sei. Die Rolle des Spielverderbers, der Menschen die Hoffnung auf ein Leben nach dem Tod nimmt, und trauernden

Angehörigen sagt, dass ihr geliebtes Kind, ihr Ehepartner, ihre Eltern tot sind, und das für immer, will kaum einer übernehmen. Zudem fiel es schwer im aufklärerischen Sinne gegen die Vorstellungen anzugehen. Gegen die Jenseitsvorstellungen der etablierten Religionen konnte und kann mit gutem Gewissen vorgegangen werden. Ein Jenseits, das vom richtigen Glauben abhängig ist und von einem rachsüchtigen Gott betrieben wird; ein Jenseits, dass das Diesseits mit Höllendrohungen beschwert: Da entstehen auch bei philanthropischen Humanisten keine Skrupel. Aber gegen ein Jenseits, für das keine Sektenzugehörigkeit erforderlich ist, und in dem es allen gut geht, lässt sich schwer ankommen.

Die Thanatologen zeichnen mehrheitlich ein idyllisches Bild: Nach dem Tod gehe es (fast) allen Menschen richtig gut. Das Jenseits ist kein Machtapparat mehr um die Schäfchen zu disziplinieren. „Auch Zweifler kommen in den Himmel", verkünden sie mit vordergründiger Toleranz. Die Hölle ist bei den meisten Autoren abgeschafft, obwohl es durchaus schreckliche Nahtoderlebnisse gibt, die für religiös sozialisierte Interpreten unschwer als „Höllenerfahrungen" zu deuten wären. Was einige Thanatologen, die dem christlichen Glauben nahe standen, auch machten. (Siehe: Einleitung)

Einige Autoren wollen die negativen Erlebnisse wegerklären, indem sie darauf verweisen, dass die positiven Elemente der NTE schon noch gekommen wären, hätte die NTE nur länger gedauert. Die „Experiencer" sind nach dieser Ansicht sozusagen im Tunnel stecken geblieben. Negative Erlebnisse sind so unbeliebt, dass nach ihnen nicht einmal gefragt wird in den einschlägigen Fragekatalogen zur Bestimmung einer NTE. (Siehe: Der Tod kommt im Bergtrikot)

Viele Gruppen tummeln sich im Nahtodsektor und machen ihn zu einem unübersichtlichen Kampfplatz. (Evangelikale) Christen und verschiedene andere Gruppen, wie Esoteriker oder auch Hobby-Physiker, die anhand der NTE beweisen wollen, dass das Bewusstsein mit Lichtgeschwindigkeit oder sogar Überlichtgeschwindigkeit durch die Welt reist und aus quantenmechanischen Erwägungen unsterblich sei, beleben die Szene. Es gibt zahlreiche NTE-Forscher, die verschiedene Einsichten in das Nahtodesreich kommunizieren. Die Ergebnisse sind bunt und abwechslungsreich. Was der Sache eine gewisse Unverbindlichkeit verleiht: Jeder kann sich sein eigenes Jenseits zusammenstellen. Mit oder ohne Gott; mit oder ohne Engel, mit oder ohne Astralkörper, mit oder ohne Wiedergeburt, mit oder ohne Hölle ...

NTE sind der Tunnel in eine Welt, an dessen Ende das helle Licht der Allesbehauptbarkeit leuchtet. Alles ist möglich:

Engel, die uns umgeben, Selbstmörder, die in der Hölle schmoren, über Kinder, die sich vor der Geburt ihre eigenen Eltern aussuchen, von Karmagesetzen, Levitation, Hellsehen ...

Der Leser findet sich in einem religiösen und esoterischen Paralleluniversum, die ineinandergreifen, wieder. Es gibt Studien zu Wiedergeburten, auf die der NTE-Forscher verweisen kann, es gibt Studien zu Teleportation, Fernwahrnehmung. All dies dient den NTE-Gläubigen als Bestätigung.

Ein anderer Grund für die Beliebtheit ist, dass der Glaube an das Nahtodjenseits an keine bestimmte Religion gebunden ist. Theoretisch könnten auch Atheisten Anhänger eines hausherrenlosen Jenseits sein. Denn während in Offenbarungsreligionen ein Gott in Erscheinung tritt, der seinen Anhängern ein Leben nach dem Tode verspricht, wird in der Nahtodreligion der umgekehrte Weg beschritten: Zuerst wird das Jenseits entdeckt, dann wird nach dem Hausherrn geforscht.

Propheten

Die Verkündung eines jenseitigen Lebens war vor Erscheinen der Nahtodwissenschaftler Sache der Theologie. Die erschien vielen Menschen wegen ihrer Berufung auf alte Schriften, als altbacken und unwissenschaftlich. Die neuen Propheten halten ihre Studien in Händen und präsentieren Tabellen und Schaubilder.

Die neuen Propheten tragen weiße Kittel. Sie eint der Glaube, ihre Erkenntnisse seien besser geeignet Menschen Hoffnung zu machen als die traditionellen Religionen. Auf Menschen, die sich zwar von der herkömmlichen Religion verabschiedet haben, die aber von den metaphysischen Heilsaussagen nicht lassen wollen, mag das sogar zutreffen.

Selbstverständlich bezeichnen sich die neuen Propheten nicht als Propheten: Moody verwahrt sich dagegen Prophet zu sein, kann aber der Versuchung nicht widerstehen sein Buch als Werk zu präsentieren, das Hoffnung schenkt. Sonst ist er sehr unpräzise: Der Leser erfährt nichts Genaues, wenn es um Zahlenangaben und Ähnliches geht. Er erfährt aber, dass ein befreundeter Arzt einer älteren Dame ein Exemplar von „Leben nach dem Tod" gegeben habe, und diese dann neuen Lebensmut fasste. Überhaupt tritt man so auf, als wäre die Hoffnung auf ein jenseitiges Leben von den NTE-Forschern erfunden worden. Das jenseitige Leben hat nach den NTE-Forschern geradezu übernatürliche Ausstrahlung ins diesseitige Leben:

„Ein New Yorker Forscher gab Patienten, die einen Suizidversuch überlebt hatten, Fallberichte von Todesnähe-Erlebnissen zu lesen. Das führte dazu, daß diese Patienten den Selbstmord nicht mehr als Lösung ihrer Probleme betrachteten. Dieses Experiment wurde mehrmals wiederholt, immer mit demselben Ergebnis: Das Wissen um die Existenz von Todesnähe-Erlebnissen hielt die Menschen von Selbstmordversuchen ab." (S. 107f in Moody [36])

Der Name des Forschers, die Zahl der Patienten, die Dauer der Beobachtung (falls überhaupt der Werdegang der Patienten verfolgt wurde), ebenso die Art der TNE, die zum Lesen gegeben wurden, werden nicht genannt. Wurde versucht den Patienten mit schrecklichen Suizid-NTE Angst zu machen, oder hat man ihnen schöne Erfahrungen vorgelegt?

Eine saubere Studie hätte anders ausgesehen: Die Gruppe der „NTE-Leser" wäre mit einer Gruppe, der keine NTE-Erfahrungsberichte zum Lesen gegeben wurde, zu vergleichen gewesen. Auch langfristig.

Es ist naiv, an die Wunderwirkung von NTE zu glauben: Wenn allein das Wissen um NTE Suizidversuche verhinderte, dann sollten heute überhaupt keine Suizide mehr vorkommen, da jeder um die Existenz von Todesnähe-Erfahrungen weiß, und auch schon mit entsprechenden Fallgeschichten bekannt gemacht wurde.

Das, was die Nahtodexperten vorlegen, hat sicher nicht mehr Beweiskraft als die biblischen Wundergeschichten. Es kommt moderner daher. Ziel ist es, Glaubensaussagen mit naturwissenschaftlich wirkender Methode zu untermauern. Die Naturwissenschaft gilt als seelenloser Ort. Die neuen Dualisten kamen in Ärztekitteln und verkündeten, dass sich Wissenschaft und der Glaube an eine Seele nicht ausschlössen. In einer Zeit, in denen manche Theologen nur noch zweifelnd vom Jenseits redeten, preschten Ärzte vor und übernahmen das postmortale Vakuum. Wissenschaftlicher Fortschritt sei durchaus mit dem Glauben an eine Fortexistenz nach dem Tod vereinbar, predigten sie. Wobei es die wenigsten beim Glauben belassen wollten. Nicht mehr Glauben, sondern Wissen, war ihre Devise. Es gibt keinen Tod, verkündeten sie mit Inbrunst. Das verkünden sie auch heute noch. Die Darsteller haben gewechselt, die Aufführung ist Dieselbe geblieben. Damals wie heute versuchen die Thanatologen ihre Thesen mit Anekdoten zu belegen. Anekdoten, die sehr verdreht dargestellt werden. Diese Wundergeschichten entpuppen sich dann bei genauerer Betrachtung als nicht beweiskräftig. Aber genau will keiner der Gläubigen hinschauen.

Man schleppt mit diesen Wundergeschichten den Kinderglauben an Feen und Magie in die Erwachsenenwelt. Nicht umsonst erfreut sich S.T. Coleridge großer Beliebtheit. Seine Worte: „Was wäre, wenn du schliefest? Und was, wenn du im Schlaf träumtest? Und was, wenn du im Traum zum Himmel gingst und da eine wundersame schöne Blume pflücktest? Und was, wenn du erwachtest und hieltest diese Blume in der Hand? Ja, was dann?" werden gerne zitiert in Thanatologenkreisen.

Was wäre dann? Dann würde man wahrscheinlich Ärger mit der Nachbarin bekommen, weil man während des Schlafwandelns ihre schönste Blume ausgerissen hat. Die Welt ist unromantisch und unmagisch. Und nicht supernaturalistisch. Das ist für viele Menschen unbefriedigend. Sie bereichern ihre persönliche Welt um Schutzengel (deren Existenz nach Ansicht von E. Kübler Ross wissenschaftlich bewiesen ist), Jenseitskontakte und was auch immer. Eine ganze Industrie hat sich gebildet: Reinkarnationstherapeuten bieten Rückführungen in vergangene Leben an, Medien nehmen Kontakt zu Verstorbenen auf, ...

Im Anfang war das Kuscheljenseits
und dieses war eine Komposition von Moody.

Moodys Werk war stilbildend. In Sachen Titel: Mit weniger als einem Beweis für ein Leben nach dem Tod sollte man nicht aufwarten, wenn man sein Buch verkaufen will. Marktschreierisches Gehabe gehört dazu.

Stilbildend auch in Sachen Selbstdarstellung: Jeder Thanatologe, der etwas auf sich hält, schildert seine anfängliche Skepsis in Sachen NTE und seinen Unglauben in Bezug auf ein Leben nach dem Tod. Sogar Hardcore-Christ Maurice Rawlings bestand darauf, den Tod vor seinen Studien, als vollkommene Auslöschung betrachtet zu haben.

Wie wissenschaftlich war Moodys Unternehmung? Moody kannte 150 Personen, die ihm NTE berichteten. Einige wurden ausgemustert. Er führte mit 50 Personen Interviews. Das ist eine dünne Ausgangsbasis. Unter den Interviewten befanden sich Menschen, die klinisch tot waren und Menschen, die Todesangsterfahrungen durchgemacht hatten.

Ein problematischer Punkt ist, dass die Erlebnisse, die ihm die Leute berichteten, Jahre bis Jahrzehnte zurücklagen; und somit der „Nachbearbeitung" unterlagen. Das Gedächtnis ist trügerisch. Ein anderer, dass es sich um Leute handelte, die sich bei ihm gemeldet hatten. Es ist davon auszugehen, dass spektakuläre und schöne Erlebnisse bereitwilliger berichtet werden als nichtssagende und schreckliche Erlebnisse. Keinesfalls ist davon auszugehen, dass es sich um einen repräsentativen Querschnitt der NTEler handelte. Und: Man wird mit dieser Technik nicht herausfinden, wie viele Menschen in Todesnähe derartige Erlebnisse hatten. Ein weiterer Kritikpunkt ist die fehlende

Nachforschung. Ziemlich locker tut er kund was ihm Leute so zugetragen haben. Aus erster und aus zweiter Hand.

Moody extrahierte aus den Schilderungen eine Reihe von Erlebnissen und komponierte sie zu einer eingängigen Geschichte, die mit den dramatischen Worten: „Ein Mensch liegt im Sterben." beginnt. Schon hier könnte man einhaken. Nahtoderlebnisse treten nicht nur bei Menschen auf die sterben, sondern auch bei Personen, die sich in Gefahr befinden oder auch überhaupt nicht vom Tod bedroht sind, wie zum Beispiel beim Meditieren oder der Hausarbeit. Moody verdrängt aus dramaturgischen Gründen die Mehrzahl der Fälle aus seiner Schilderung. (Und macht damit in seiner Mustergeschichte genau das, was er einige Seiten vorher noch moniert, als er auf Presseartikel verweist, die den Eindruck vermitteln, er hätte sich nur mit Fällen beschäftigt, die den klinischen Tod der Nahtoderfahrenden beinhalten.)

Diese „Mustererfahrung" ist aus dreizehn Teilen zusammengesetzt:

1. Unbeschreibbarkeit; 2. Hören der Todesnachricht; 3. Gefühle von Frieden und Ruhe; 4. Geräusch; 5. dunkler Tunnel; 6. Verlassen des Leibes; 7. Begegnung mit anderen; 8. Lichtwesen; 9. Lebensrückschau; 10. Grenze oder Schranke; 11. Umkehr; 12. Mitteilungsversuche; 13. Folgen im Leben.

Wie häufig ihm die einzelnen Elemente genannt wurden, behält Moody für sich.

(Andere Autoren liefern knappere Auflistungen: Kenneth Ring macht als Kern der NTE nur fünf Elemente aus: 1. Frieden; 2. Trennung vom Körper; 3. Eintritt in die Dunkelheit; 4. Wahrnehmung des Lichts; 5. Eintritt in das Licht)

Damit war das ideale Sterbeerlebnis in Grundzügen vorgegeben. Moody war derjenige, welcher festlegte, wie eine ordnungsgemäße NTE auszusehen hat. Er entschied was zur NTE gehört und was nicht.

Das Geräusch, das nach Moody kurz vor, oder während des Sterbens auftreten solle, und mitunter sehr unangenehm sein könne, erfreut sich in Thanatologiekreisen keiner großen Beliebtheit mehr. Auch das „Hören der Todesnachricht" ist nicht mehr zeitgemäß. Denn so viele Ärzte werden wohl nicht so leichtfertig und verfrüht Todesnachrichten durch die Gegend rufen. Darum stellt man heute eher auf das „Gefühl, tot zu sein" ab.

Einige Autoren wie Ring stellen statt eines Tunnels Dunkelheit als Kernelement fest. Moody vereinnahmt dies verwegen: „Dunkelheit, eine andere Benennung für das Tunnelerlebnis" (S.39 in [36])

Wie kommt man überhaupt auf den Gedanken, dass es so etwas wie ein ideales Erlebnis gibt? Es ist die Voreingenommenheit Moodys, die ihn diese

Mustergeschichte komponieren ließ. Wissenschaftlich ist eine derartige Zusammenstellung nicht gerechtfertigt.

Er selbst gibt zu, dass er zum Zeitpunkt als er seine Mustergeschichte verfasste, noch nie eine Person getroffen hatte, die alle angeführten Elemente der NTE berichtet hatte. (In späteren Büchern betont er, dass sich Leute mit vollständiger NTE bei ihm gemeldet hätten. Aber das muss nichts besagen. Wenn etwas erst einmal beschrieben wurde, dann gibt es auch Menschen, die genau das erlebt zu haben glauben. Knackige Geschichten sind inspirierend und halten den Mythos am Leben. Begegnungen mit Außerirdischen, Yetis, Big Foot, dem Ungeheuer von Loch Ness werden auch nicht mehr verschwinden.)

Das „ideale Erlebnis" prägte die Sichtweise der Öffentlichkeit. Die Medien ließen bevorzugt Menschen zu Wort kommen, die ins Moody-Schema passten. Andere Erlebnisse fielen unter den Tisch. Die meisten NTE-Forscher bemühten sich bei Befragungen von NTElern, die Moody-Aspekte rauszukitzeln.

Suizidangelegenheiten

Im Anfang war also das Kuscheljenseits. Mit einer Ausnahme: Moody entdeckte in seinen Büchern auch negative NTE, aber das nur in Zusammenhang mit Selbstmördern. (Und mutmaßt, dass Nazis ebenfalls sehr negative Erlebnisse haben.) Das könnte daran gelegen haben, dass ihm die Anpreisung des Jenseits selbst etwas unheimlich war. Denn diese könnte leicht als Animation zum Suizid verstanden werden. Andere Autoren wie Ring bestätigen Moodys Ansicht, dass Suizidanten ausschließlich negative NTE hätten, nicht, und stellen fest, dass sich Selbstmörder in NTE-Angelegenheiten nicht von anderen Gruppen unterscheiden.

Derart unterschiedliche Ergebnisse sind erklärungsbedürftig. Eine mögliche Erklärung: Die Forscher beschäftigen sich mit kleinen Gruppen und ziehen dann verallgemeinernde Schlüsse. Die Unterschiedlichkeit könnte auch mit der Art der Befragung erklärt werden. Jeder Forscher bastelt sich sein eigenes Jenseits zusammen, indem er aus den Berichterstattern rausholt, was er gerne hören will. Ob bewusst oder unbewusst, sei dahingestellt.

Moody erhält sogar Bestätigung von Leuten, die „aus anderer Ursache »gestorben« sind. Sie erzählten, es sei ihnen während dieses Zustandes kundgetan worden, daß Selbstmord ein sehr unheilvoller Akt sei, der mit einer schweren Bestrafung geahndet werde." (S.148 in [34])

Entweder erhält man im Jenseits ziemlich seltsame Mitteilungen, oder a-ber die Fragesteller im Diesseits beeinflussen die Berichterstatter. Letzteres trifft mit hoher Wahrscheinlichkeit zu. Die Berichterstatter ihrerseits sind natür-lich kein unbeschriebenes Blatt. Ihre kulturellen Prägungen scheinen in ihren Antworten auf.

Moody legt auch in späteren Büchern noch nach, und behauptet, dass Suizidversuchende auf der „anderen Seite" mit denselben Problemen konfrontiert wären, die sie zu ihrer Entscheidung zum Suizid getrieben haben. (S.50 in [35])

Die polarisierende Sonderrolle des Suizids hält sich bis heute. Sam Par-nia verweist auf die positive Tönung der meisten NTE, sieht aber Suizidver-suchs-NTE in einer Sonderrolle:

„Ausnahmen bildeten meiner persönlichen Erfahrung nach die Menschen, die einen Selbstmordversuch unternommen hatten. In diesen Fällen berichte-ten die Menschen, die überlebt hatten, von einigen sehr unangenehmen, traumatischen und schmerzlichen Erfahrungen, die nicht zu dem passten, was diejenigen erlebt hatten, die unfreiwillig oder eines natürlichen Todes gestorben waren." (S.170 in [40])

Diese Debatte wirft entweder kein gutes Licht auf das Jenseits und des-sen Betreiber. Wenn die Suizidanten im Jenseits mit ihren Problemen allein gelassen werden und zusätzlich einer Bestrafung unterzogen werden, dann sind Zweifel angebracht an der Güte des Betreibers. Oder aber kein gutes Licht auf die NTE-Forscher, die mit Metaphysik Leuten Angst machen.

Gericht

Wer bringt ein Kuscheljenseits wirklich zu Fall? Adolf Hitler und seine Schergen. Denn es würde dem Gerechtigkeitsgefühl einer Mehrheit der Men-schen widersprechen, wenn die nach ihrer Schreckensherrschaft sofort in ein Wohlfühlparadies eintauchen könnten. So braucht man auch in der postmor-talen Welt Gericht und Bestrafung. Diese Bestrafung bringt im Jenseits nach Moody die Lebensrückschau mit sich, die den Tätern ihre Gräuel dauerhaft vor Augen führt.

„Wenn diese Menschen dasselbe durchmachen müssen, was meinen Gewährspersonen widerfahren ist, dann müßten sie ja all diese Dinge vor Augen haben und viele andere auch noch, und zwar in höchst lebensechten Bildern." (S.47 in [35])

Ist dieses „vor Augen haben" wirklich eine Bestrafung für Sadisten? Oder nicht doch eher das Gegenteil? Ist die Ansicht fremden Leids überhaupt für den Durchschnittsmenschen eine Bestrafung?

Thomas von Aquin erträumte sich einen Himmel, in dem die Gläubigen dem Martern der Sünder in der Hölle zuschauen dürfen. („Damit den Heiligen die Seligkeit besser gefalle und sie Gott noch mehr dafür danken, dürfen sie die Strafen der Gottlosen vollkommen schauen.")

Die Qual der Sünder als Kurzweil für die Gläubigen: Da klingt schon das Motiv der Langeweile an, der die Gläubigen in der Ewigkeit ausgesetzt sind. Spiele auch im Jenseits. (Brot wird nicht mehr benötigt.)

Ob in diesem Jenseits nach Moody, auch normale Verbrecher einer Strafe unterzogen werden und wie lang diese eventuell stattfindende Bestrafung dauert, bleibt ungeklärt. Wie steht es um Leute, die einen Mord begangen haben? Oder einen Raub? Oder einen Ehebruch? Nach welchem Sittenkodex wird überhaupt gestraft? Das ist unklar in diesem Universum des unbestimmten Gottes. Christen haben es da leichter. Die Bibel schreibt vor, was verboten ist und die schweren Sünder fallen der ewigen Verdammnis anheim.

Der Tod kommt im Bergtrikot

Wer zuerst kommt, hat die Definitionshoheit. Und diese wird durch Fragenkataloge zementiert. Diesen Fragezusammenstellungen liegt der Glaube zugrunde, dass man die Erfahrung messen und bewerten kann. Bruce Greyson stellte 1983 einen Fragenkatalog zusammen, der es seiner Ansicht nach zu entscheiden erlaubte, ob jemand eine NTE hatte und der zusätzlich geeignet schien, die Tiefe einer Erfahrung zu bestimmen. (Siehe: [16])

Um zu diesem Fragekatalog zu kommen, befragte er 67 Personen, die insgesamt 74 NTE berichteten. Das ist eine sehr kleine Basis. Diese Greyson-NDE-Scale ist auch heute noch das gebräuchlichste Mittel um eine NTE zu klassifizieren. Auffällig ist die durchweg positive Ausrichtung der Fragen.

Maximal sind 32 Punkte erreichbar. 7 müssen erreicht werden, um in den Kreis der NTEler aufgenommen zu werden. (Einige sehen das anders – Van Lommel hat in seiner Studie auch Menschen mit niedrigerer Punktezahl aufgenommen.)

1. Verstrich die Zeit schneller oder langsamer?
Nein – kein Punkt
Die Zeit verstrich schneller oder langsamer als gewohnt - 1 Punkt
Alles passierte gleichzeitig – oder die Zeit schien stillzustehen - 2 Punkte

2. Beschleunigten sich ihre Gedanken?
Nein. – 0 Punkte
Schneller als Normal – 1 Punkt
Unglaublich schnell – 2 Punkte

3. Kamen Szenen aus ihrer Vergangenheit zu Ihnen zurück?
Nein – 0 Punkte
Ich erinnerte mich an viele zurückliegende Geschehnisse – 1 Punkt
Meine Vergangenheit blitzte vor mir; außerhalb meiner Kontrolle – 2 Punkte

4. Schienen Sie plötzlich alles zu verstehen?
Nein – 0 Punkte
Alles über mich oder andere – 1 Punkt
Alles über das Universum – 2 Punkte

5. Fühlten sie Frieden oder Freundlichkeit?
Nein – 0 Punkte
Befreiung oder Ruhe – 1 Punkt
Unglaublichen Frieden oder Freundlichkeit– 2 Punkte

6. Fühlten sie Glück?
Nein - 0 Punkte
Freude – 1 Punkt
Unglaubliche Beglückung – 2 Punkte

7. Empfanden Sie Harmonie oder Einheit mit dem Universum?
Nein – 0 Punkte
Ich fühlte mich nicht länger in Konflikt mit der Natur – 1 Punkt
Ich fühlte mich mit der Welt verbunden oder eins mit der Welt – 2 Punkte

8. Haben Sie ein strahlendes Licht gesehen, oder fühlten sich von ihm umgeben?
Nein – 0 Punkte
Ein ungewöhnlich schönes Licht – 1 Punkt
Ein Licht, das offensichtlich mystisch war, oder aus einer anderen Welt stammte – 2
Punkte

9. Waren ihre Sinne schärfer als sonst?
Nein – 0 Punkte
Schärfer als üblich – 1 Punkt
Unglaublich scharf - 2 Punkte

10. Glaubten Sie Dinge, die anderswo vor sich gingen, auf außersinnliche Art wahr-
zunehmen?
Nein – 0 Punkte
Ja, aber die Fakten wurden nicht überprüft – 1 Punkt
Ja, und die Angaben wurden überprüft – 2 Punkte

11. Sahen Sie Ereignisse aus der Zukunft?
Nein – 0 Punkte
Ereignisse meiner persönlichen Zukunft – 1 Punkt
Ereignisse der zukünftigen Welt – 2 Punkte

12. Fühlten Sie sich getrennt von ihrem Körper?
Nein – 0 Punkte
Ich habe die Wahrnehmung meines Körpers verloren – 1 Punkt
Ich habe eindeutig meinen Körper verlassen und existierte außerhalb – 2 Punkte

13. Glaubten Sie eine andere, unirdische Welt zu betreten?
Nein – 0 Punkte
Einen einigermaßen unvertrauten und fremden Ort – 1 Punkt
Eine klar mystische und unirdische Realität – 2 Punkte

14. Schienen Sie mit einem mystischen Wesen oder Präsenz zusammenzutreffen,
oder hörten Sie eine unidentifizierbare Stimme?
Nein – 0 Punkte
Ich hörte eine Stimme, die ich nicht identifizieren konnte – 1 Punkt
Ich traf mit einem Wesen zusammen, oder hörte eine Stimme, die eindeutig mysti-
schen oder unirdischen Ursprungs war – 2 Punkte

15. Sahen Sie Verstorbene oder religiöse Figuren?
Nein – 0 Punkte
Ich spürte ihre Gegenwart – 1 Punkt
Ich habe sie gesehen. – 2 Punkte

16. Kamen Sie zu einer Grenze oder einem „Point of no return"?
Nein – 0 Punkte
Ich kam zu einer bewussten Entscheidung ins Leben zurückzukehren. – 1 Punkt
Ich kam zu einer Barriere, die zu überwinden mir nicht gestattet war; oder ich wurde
gegen meinen Willen „zurückgeschickt". – 2 Punkte

(Die Fragen 1-4 beziehen sich auf die kognitive, 5-8 auf die affektive, 9-12 auf die
paranormale, 13-16 auf die transzendentale Komponente der NTE)

[Übersetzung vom Autor]

Bemerkenswert ist, dass die erste Frage objektiv beide Möglichkeiten in Betracht zieht, und so nach einer Beschleunigung oder Verlangsamung der Zeit gefragt wird, diese Objektivität aber in den weiteren Fragen aufgegeben wird. Es wird nicht danach gefragt, ob Verstorbene oder noch lebende Personen gesehen wurden. Lebende Personen werden öfters gesehen während Nahtoderfahrungen. Dass Partner getroffen werden, Schulkameraden, Prominente usw. die bei bester Gesundheit sind, ohne dass die etwas von der bemerken, ist ein deutlicher Hinweis auf den halluzinatorischen Charakter der NTE. Kinder sehen öfters Lebende. Das ist plausibel. Denn Kinder kennen einfach zu wenige Verstorbene, die in ihren Visionen auftauchen könnten.

Nach Entsetzen, Angst, die jemand empfindet, oder nach Unfrieden und Disharmonie mit dem Universum wird ebenfalls nicht gefragt. In dem Fragenkatalog tauchen negative Sachen nicht mal auf. Was dem Befragten das Gefühl gibt, negative Erlebnisse seien irgendwie unerwünscht. Dieser Eindruck ist nicht unzutreffend. Denn gerne bezeichnet man in Nahtodkreisen Erlebnisse, die nicht in dieses Schema passen, als Stressreaktionen oder durch Hirnschäden hervorgerufene Erlebnisse.

So entsteht die Absurdität, dass jemand, der z. B. beim Staubsaugen (bei vollster Gesundheit) das „Richtige" erlebt, eine echte Todesnäheerfahrung gehabt haben kann, während man jemandem, der „klinisch tot" war und das „Falsche" erlebt hat, abspricht, eine echte Todesnäheerfahrung gemacht zu haben.

Die Tunellerfahrung, oder Region der Dunkelheit, fehlt in dieser Frageliste. Greyson fand, dass dieses Merkmal nicht dienlich sei bei der Klassifizierung von NDE.

Zu Frage 4 kann man noch anmerken: Wenn einem plötzlich klar würde, dass man überhaupt nichts versteht? Das wäre eine bemerkenswerte Einsicht. Punkte bekommt man nicht dafür. Sokrates würde schlecht abschneiden.

Und zu Frage 16 kann man anmerken, dass nicht danach gefragt wird, ob diese Grenze auch überschritten wurde. Denn es gibt durchaus Nahtoderlebnisse, in deren Verlauf die Experiencer die Grenze überschritten haben und dennoch ins Leben zurückgekehrt sind.

Welche Fragen gestellt werden und welche Antwortmöglichkeiten vorgegeben werden, hat wesentlichen Einfluss auf das Ergebnis einer Befragung. Jemand der unvoreingenommen Fragen stellt, wird ein anderes Resultat erzielen als jemand, der die Greyson-Skala abarbeitet. So hat Hubert Knoblauch im Rahmen seiner Studie, die Todesnähe-Erfahrungen von Ost- und

West-Deutschen ergründete, neben Fragen nach wunderbaren Gefühlen des Friedens, Glücks und/oder Wohlbehagens auch Fragen nach schrecklichem und/oder quälendem Gefühl der Angst, des Entsetzens oder Schreckens gestellt. (S.207 in [21])

(Damit stellt er, wenn man die amerikanische Nahtoddefinition zugrunde legt, nicht die Menschen mit Nahtoderfahrungen fest, sondern die Zahl derer, die Erlebnisse in Todesnähe hatten.)

Mehr als sechzig Prozent der Ostdeutschen „Nahtodler" und ungefähr dreißig Prozent der Westdeutschen gaben an, während ihrer Nahtoderfahrung schreckliche Gefühle erlebt zu haben. Man sieht: Wenn gefragt wird, kommen auch Antworten. Darum stellt man im Greyson Test die Fragen nach schrecklichen Erlebnisinhalten erst gar nicht, um sich nicht das schöne Bild, das man so gerne von der NTE zeichnet, zu beflecken.

Erstaunlich in der Knoblauch-Studie ist auch die enorme Differenz zwischen Ost- und Westdeutschen. Das könnte mit der kulturellen Prägung zu tun haben. Die Westdeutschen haben das amerikanische Todesnäheerfahrungsmodell aufgesogen und könnten versucht sein, die Erlebnisse positiv einzufärben. Zu beachten ist, dass die Erlebnisse zum Zeitpunkt der Umfrage schon längere Zeit zurücklagen. Zu beachten ist auch, dass der prozentuale Anteil von Atheisten an der Bevölkerung in Ostdeutschland weit größer ist als in Westdeutschland. Wer ungläubig ist und dementsprechend NTE nicht als Einblick in ein reales postmortales Leben sieht, wird weniger Probleme haben unangenehme Erlebnisse zu berichten als Menschen, die überzeugt davon sind, dass man durch diese Erlebnisse Einsicht in das nachtodliche Leben erhält.

Glaubensfragen

Nach Darstellung der Thanatologen treffen NTEler mit ihren Erlebnisschilderungen auf Verständnislosigkeit beim medizinischen Personal. Belegt wird diese Reserviertheit – wie könnte es auch anders sein - mit Anekdoten. Moody schreibt in seinem 1988 erschienen Buch *The light beyond* von einem Herzspezialisten, der nach einem Vortrag Michael Saboms „wutentbrannt" aufstand, angab, dass er seit dreißig Jahren Arzt wäre und Hunderte Patienten vom Rand des Todes zurückgeholt hätte, und „ärgerlich" folgende Worte sprach: „Seit Jahren habe ich mit diesen Dingen zu tun, und trotzdem habe ich noch mit keinem Patienten gesprochen, der so ein Todesnähe-Erlebnis gehabt hat." Noch bevor Sabom antworten konnte, stand ein Mann hinter dem Kardiologen auf, und sagte: „Ich bin einer der Patienten, die sie gerettet haben, und ich sage Ihnen jetzt direkt ins Gesicht: Sie wären der letzte, dem ich von meinem Todesnähe-Erlebnis erzählen würde." (S.116 in [36])

Pim van Lommel wartet mit einer erstaunlich ähnlichen Geschichte auf, die sich auf einem Kongress über NTE im Jahre 1994 zugetragen habe. Da sei ein Mann aufgestanden und habe folgendes gesagt:

„Ich arbeite nun seit 25 Jahren als Kardiologe und ich habe in meiner Praxis noch nie eine so unglaubliche Geschichte gehört. Ich halte das für den größten Humbug und glaube kein Wort davon." Woraufhin sich ein anderer Mann erhob und entgegnete: „Ich war einer ihrer Patienten. Vor einigen Jahren habe ich einen Herzstillstand überlebt, bei dem ich eine NTE hatte, und Sie wären sicher der Letzte, dem ich je davon erzählt hätte." (S.41 in [27])

Woher weiß der Patient im Voraus, wie der Arzt reagieren würde? Ärzte laufen nicht mit Sticker am Kittel, die sie als Nahtodskeptiker ausweisen, herum.

Was soll der Arzt dem Patienten glauben? Dass der beispielsweise den Eindruck hatte, seinen Körper zu verlassen und die Dinge von oben zu sehen? Oder: Dass der Patient wirklich seinen Körper verlassen hat und die Dinge tatsächlich von oben gesehen hat? Wenn die NTE-Forscher sagen, dass man dem Patienten glauben müsse, dann meinen sie zumeist letztere Variante. Und werden damit selbst zu Gläubigen.

(Zu selektiv Gläubigen, denn auch NTE Forscher glauben nicht alles. Die haarsträubendsten und naivsten Bekehrungsgeschichten stoßen bei esoterisch gesinnten NTE-Forschern auf Vorbehalte. Dabei ist nicht davon auszugehen, dass alle diese Geschichten frei erfunden sind. Ein strenggläubiger Christ, der täglich in der Bibel liest, könnte durchaus solche Erlebnisse haben.)

Es gibt einen Unterschied zwischen: -den Patienten ernst nehmen und glauben und -alles vorbehaltlos für objektive Realität zu halten, was die Patienten schildern. Das ist der Unterschied zwischen Forscher und Gläubigem.

Ein skeptischer Arzt wird nicht ausschließen, dass ein Patient Erlebnisse hatte, während der in Todesnähe war. Allerdings wird er davon ausgehen, dass diese Erlebnisse sich im Gehirn des Patienten abgespielt haben. Nahtoderfahrende können selbst nicht wissen, ob ihre Erfahrung außerkörperliche Realität oder aber vom Gehirn produziertes Geschehen war. Sie können ihr Gefühl wiedergeben, das Verlassen des Körpers und andere Dinge hätten sich für sie wirklich angefühlt. Oder auch wirklicher als wirklich. Aber einen Beweis hat noch keiner mitgebracht. Und sie können ihren Eindruck verkünden, sie hätten während ihres Erlebnisses eine außerordentliche Bewusstseins-Klarheit gehabt. Das ist ein subjektiver Eindruck. Jeder, der schon mal betrunken war, weiß, dass subjektive Klarheitseindrücke nicht mit der objektiven Realität in Übereinstimmung stehen müssen.

Ernst nehmen sollten Ärzte diese Erlebnisse auf alle Fälle. Aber ernst nehmen bedeutet eben nicht, die Erlebnisinhalte für objektive Realität zu nehmen. Es wäre abseits des NTE-Sektors verhängnisvoll, wenn Ärzte alles für objektive Wirklichkeit hielten, was Patienten ihnen erzählen. Wenn ein Patient einem Arzt berichtet, dass er jede Nacht von Dämonen mit Elektropeitschen gefoltert wird, dann sollte der Arzt diese Aussagen sehr ernst nehmen, aber er täte dem Patienten keinen Gefallen, wenn er davon ausginge, dass es diese Dämonen in der geteilten Realität der Menschen gäbe.

Hier soll nicht angedeutet werden, dass Nahtoderlebnisse Indikatoren für Geisteskrankheiten wären. Auch Gesunde können Halluzinationen haben. Außerkörperlichkeitserfahrungen sind angesichts eines Kreislaufstillstands eher selten, wenn man die Resultate der prospektiven Studien zurate zieht. Häufiger kommen Außerkörperlichkeitserfahrungen wohl im Alltag vor. Bei Stress, Schlafmangel, ... Thomas Metzinger, Susan Blackmore und Hans-Peter Duerr hatten Außerkörperlichkeitserlebnisse. Überraschend viele Personen machen derartige Erfahrungen: Zwischen 8 und 15 Prozent der Menschen hatten schon mal eine Außerkörperlichkeitserfahrung. Einige Gruppen häufiger: Studenten (25%), Schizophrene (42%) und Menschen, die von der Realität paranormaler Phänomene überzeugt sind (49%). (S.135 in [30])

Es gibt also ziemlich viele solcher Erfahrungen. Es gibt aber nicht einen einzigen Beweis, dass jemand wirklich seinen Körper verlassen hätte. Demgegenüber steht eine lange Liste an falschen Wahrnehmungen, die Menschen während einer Außerkörperlichkeitserfahrung machten. Sei es, dass sie Kleidung an sich wahrnahmen, die sie nicht anhatten, sei es, dass sie auf der Uhr eine unmögliche Uhrzeit ablasen.

Reale Einblicke?

Es gibt zwei Möglichkeiten Nahtoderfahrungen als Hinweis auf ein Weiterleben nach dem Tod zu werten:

Die erste: Man sieht diese Erlebnisse direkt als Einblick in das Leben nach dem Tod an. Dazu ist die Feststellung nötig, dass Patienten die Schwelle zum Tod überschritten haben, wenn ihr Herz keine Pumpfunktion mehr ausüben kann. Folgerichtig geht der Trend zum ideologieverträglichen Frühableben: Sam Parnia knüpft den Tod an den Kreislaufstillstand. Er verwendet auch knackige Formulierungen, um keine Zweifel an der Richtigkeit des Todeszeitpunktes aufkommen zu lassen. Bezogen auf Herzkammerflimmern schreibt er: „Das Herz bleibt sofort stehen, das Gehirn des Betreffenden wird nicht mehr durchblutet und stirbt auf der Stelle." (S.296 in [40]) Er etikettiert entsprechend die Erlebnisse während eines Kreislaufstillstands als „Todeserlebnisse". (Siehe S.173 in [40])

Das sind definitorische Tricks. Allgemein wird der Tod als unumkehrbarer Ausfall sämtlicher Hirnfunktionen definiert. Das Herztodkonzept ist überholt. Herz-Lungen-Maschinen und künstliche Herzen haben es nötig gemacht andere Todesdefinitionen zu entwickeln. Leben ist nicht an ein schlagendes Herz gebunden.

Erlebnisse während eines Herzstillstandes, Herzkammerflimmerns, sind keine Erfahrungen von der Innenseite des Todes, sondern Erlebnisse, die in lebensbedrohlichen Situationen gemacht werden. Aber geschenkt. Die Diskussion darüber, wann der Tod einsetzt, ist bedeutungslos für die Frage ob Nahtoderlebnisse Hinweise auf ein nachtodliches Geschick des Menschen sind. Ob man jemand als reversibel tot, oder als lebend bezeichnet, ist unwichtig. Die wichtigen Fragen sind: Gibt es zum Zeitpunkt der Nahtoderlebnisse Gehirnaktivität?, und: Werden Wahrnehmungen gemacht, die der Patient nicht durch seinen physischen Körper gemacht haben konnte? (Siehe: Herzensangelegenheiten)

Die zweite Möglichkeit ist subtiler: Man bestreitet nicht, dass die Patienten während ihrer Erlebnisse am Leben sind. Neurochemische Vorgänge werden als Verursacher der NTE gesehen. Interpretiert diese aber als eine Art Vorbereitungsmechanismus.

M. Schröter-Kuhnhardt: „Die NDEs als primär religiös-mystische Erfahrungen bereiten die Psyche somit in einem letzten über das Gehirn vermittelten Akt auf ein Weiterleben eben dieser Seele in einem religiösen Jenseits vor." (S.97 in [22]) Er setzt triumphierend fort: „Religiös-mystisches (NDE-)Erleben beruht dabei auf einer anhand der NDEs/OBEs nachgewiesenen biologisch angelegten Matrix, die durch keine Theorie hinwegerklärt werden kann und elementarer Bestandteil der menschlichen Psyche ist. MARX und FREUD haben sich also geirrt, der areligiöse Mensch irrt immer: *Homo religiosus sapiens est!"* (S.97 in [22])

Derartige Interpretationen zehren vom Bild über NTE, das die erste Generation der modernen Thanatologen gemacht und erfolgreich verbreitet hat. NTE-Elemente wie Austreten aus dem Körper und Beobachtung des toten

Körpers von oben und Eintauchen in eine unirdische Realität, hören sich mysteriös und mystisch an. In den Massenmedien werden die NTE, die diesem Bild entsprechen, ständig durchgekaut.

Wenn man die prospektiven Studien an Herzpatienten zurate zieht, ergibt sich ein anderes Bild. Die meisten Patienten konnten sich an nichts erinnern, und von denen, die sich an etwas erinnern konnten, hatten nur ein Bruchteil Erlebnisse, die man als Vorbereitung auf ein Jenseits interpretieren könnte. Die Erlebnisse sind vielfältiger und unspezifischer als der Vorbereitungstheorie zuträglich ist. Die meisten Erlebnisse passen nicht in die „Nahtodstandarderfahrung":

Die Patienten der AWARE-Studie schildern Gefühle des Ertrinkens, Tiere, Gewalt und Angst und vieles mehr, das nicht in die Standarderfahrung passt. Das hört sich bei Weitem weniger mystisch an als das berühmte Heraustreten aus dem Körper und eine Bewegung ins Licht.

Wenn so etwas wie mystisches Geschehen im Gehirn zur Vorbereitung auf ein Jenseits angelegt wäre, müssten mehr Menschen auf diese Weise vorbereitet werden. Und welchen Sinn hätte ein Vorbereitungsmechanismus, der erst ein paar Sekunden vor der eigentlichen Sache einsetzte? Und weshalb gibt es auch Menschen, die bei bester Gesundheit dieser Vorbereitung unterzogen werden? Die einen Fehlstart hinlegen, und dann mitunter rätselnd zurückbleiben.

Veränderungen

Man hört öfters, dass die Nahtoderfahrung ein supernaturalistisches Phänomen sein müsse, weil sich das Leben der Betroffenen ändert. Das ist wenig einleuchtend. Die Erfahrung wurde ja gemacht: als Erlebnis, das sich im Gehirn abgespielt hat. Und diese Erfahrungen können prägend sein. Dass sich Lebenseinstellungen nach einschneidenden Erlebnissen verändern, ist nichts, was dem Naturalismus widerspricht. Teilnehmer an Studien, die spirituelle Erfahrungen unter dem Einfluss von Psilocybin gemacht hatten, beschrieben dieses Erlebnis als bedeutungsvolle Erfahrung, das auch zu positiven Verhaltensänderungen führte und die Lebenszufriedenheit verbesserte, obwohl klar war, dass die Droge diese Erfahrungen hervorrief. (Siehe: S.315f in [30])

Dem Naturalismus würden nur die supernaturalistischen Nachwirkungen widersprechen: Einfluss auf elektrische Geräte und Uhren, telepathische Begabungen, Fähigkeit zum Gedankenlesen und ähnliches. Aber in diesen Sachen bleiben die „Experiencer" den Beweis schuldig. Sie sollten vorsichtig sein mit diesen Wundererzählungen, sonst könnten sie Opfer der eigenen Propaganda werden. So könnten die „Experiencer" z. B. Flugverbot erhalten, weil sie die Bordelektronik zum Ausfall bringen könnten. Bisher scheint der Lufttransport von Nahtoderfahrenen unproblematisch verlaufen zu sein. Auch haben noch keine Elektronikfachhändler oder Uhrengeschäfte ein Betretungsverbot für „Experiencer" gefordert. Ganz so weit scheint es dann doch nicht her zu sein mit den schädlichen Einflüssen. Uhren und Computer gehen zuweilen kaputt. Es besteht kein Grund, das in Zusammenhang mit einer Nahtoderfahrung zu bringen.

Die angegebenen Veränderungen beruhen auf Selbsteinschätzung und Art der Fragestellung. Man bedient sich Befragungsmethoden, die das vom Fragesteller gewünschte Ergebnis zeitigen. So beispielsweise van Lommel: „[...] In Gesprächen mit Menschen nach einer NTE werden diese verstärkten Intuitionen nur selten spontan erwähnt. [...] Als interessierte Zuhörer oder Forscher müssen wir daher gezielt nach Intuitionen fragen und zugleich darauf hinweisen, dass sehr viele Menschen nach ihrer NTE eine erhöhte Sensibilität besitzen." (S. 101 f in [27])

So leitet man die Befragten zu den –im Sinne des Fragenstellers - richtigen Antworten.

Fragestellungen

Auch wenn auf derart eindeutige Suggestionen verzichtet wird, ist ein Interview nie frei von der Meinung des Fragestellers. Denn der Fragesteller entscheidet durch die Auswahl seiner Fragen, wohin die Reise gehen soll. Vor allem Kindern kann man mit den „richtigen" Fragen die erwünschten Antworten entlocken.

Moody fragte Kinder "wie alt sie währenddessen waren". „Eine überraschend hohe Zahl" (S.84 in [36]) sah sich während der NTE als Erwachsenen. Was mit „überraschend hoch" gemeint ist, wird nicht ausgeführt. Ebenso bleibt die Zahl der Kinder, die er interviewt hat, im Dunkeln.

Wenn er gefragt hätte, welche Farbe sie gehabt hätten, und ob sie vielleicht grün gefärbt gewesen seien, hätten sicher einige mit Ja geantwortet. (Und damit die Thanatologie vor das Rätsel der Seelenverfärbung gestellt)

Wie lenkbar Kinder durch Fragestellungen sind, hat sich bei Missbrauchsprozessen gezeigt. Die Gutachter waren wohl keine bösen Menschen, die den Kindern was einreden wollten. Allein die Fragestellungen leiteten die Kinder zu belastenden Aussagen, die sich im Nachhinein als unrichtig herausstellten.

Nicht nur der Fragesteller beeinflusst das Befragungsergebnis. Auch das Vorwissen über NTE, das die Patienten mitbringen, übt Einfluss aus. Und das ist in der heutigen Zeit sicher beträchtlich. Nur Eremiten, die ohne Zeitungen und el. Medien einsam irgendwo leben, können von Berichten verschont geblieben sein. Aber auch schon vor Moodys Zeiten kannten viele Menschen Nahtoderlebnisschilderungen. Die Mormonen publizierten Nahtod-Erzählungen häufig. Mark Twain verfasste mit „Käptn Stormfields abenteuerliche Himmelsreise" sogar eine Satire auf derartige Geschichten.

Die Befragten wissen um die Überhöhung der NT-Erlebnisse durch die NTE-Gemeinde. „Experiencer" seien die besseren Menschen: empathisch, liebend, wissend, was wirklich zählt. Dadurch entsteht Druck: Man hat schon fast die Pflicht, durch die NTE zum besseren Menschen geworden zu sein. Und wird das auch bei Befragungen zum Ausdruck bringen.

Dass tief gehende Veränderungen nicht immer zum guten Ausfallen müssen, veranschaulicht der Fall der Elif Ö., die nach einem Nahtoderlebnis tiefgläubig wurde und sich der IS-Terrormiliz anschloss. (Siehe [67])

Fest steht: Es gibt Menschen, die sich nach einer NTE nicht mehr im normalen Leben zurechtfinden. Und die nicht vor Liebe zur gesamten Menschheit erfasst sind.

Vergänglichkeitsfragen

Eine Verdrängung des Todes ist kaum möglich. Der Tod bricht ins Leben ein, wenn Freunde und Verwandte sterben.

Es gibt zwei Strategien, um mit dem Tod umzugehen: Die erste besteht darin sich den Tod so zurechtzumachen, dass er erträglich wirkt. Was darauf hinausläuft, den Tod zu leugnen oder ihn nur als Zwischenzustand zu sehen. Die herkömmlichen Religionen machen dies. Auch wenn sie nur allzu gern auf die Endlichkeit hinweisen. Das ist ein durchsichtiges Manöver. Zuerst werden die Leute in Bestürzung gesetzt, und dann wird die frohe Botschaft, dass es –zumindest für die Rechtgläubigen- doch keinen Tod gäbe, aus dem Hut gezaubert.

Die zweite Möglichkeit besteht darin, den Tod ungeschminkt ihm Raum stehen zu lassen. Als offene Wunde, aus der Verzweiflung und Kreativität herausquellen.

Alles hat ein Ende, nur das Ego nicht

Ein endliches Leben wird von manchen Menschen als sinnlos empfunden. NTE-Koryphäe Kenneth Ring äußert sich in einem Interview mit Elsässer offen zum Thema: „[...] Wenn das Leben wie es scheinen mag, mit dem Tod beendet ist, dann wären letztlich all unsere Handlungen nichtig, das Leben wäre ein grausamer Spaß, nichts hätte Bestand, und der Mensch empfände sein Dasein nicht als Wirklichkeit. [...]" (S.141 in [11])

Man könnte die Sache auch umgekehrt betrachten: Wenn unser Leben ewig wäre, dann wären alle unsere Taten unbedeutend, da wiederholbar. Das Leben verlöre an Tiefe: Es gäbe keine wirklichen Abschiede mehr, denn in der Ewigkeit läuft man sich immer mal wieder über den Weg. Es gäbe keine Endgültigkeit mehr. Keine Tragik. Nur noch Einheits-Brei.

Und dass alle Handlungen nichtig wären, kann nicht behauptet werden, denn die Handlungen, die der Tote zu Lebzeiten beging, ziehen weiter Wirkungen nach sich; der Einfluss, der auf andere Menschen genommen wurde, verschwindet nicht. Jeder ändert das Universum unwiderruflich.

Die meisten Vorgänge gewinnen ihren Sinn aus ihrer Endlichkeit. Ein ewiges Fußballspiel hätte überhaupt keine Bedeutung und verliefe Höhepunktlos. Niemand könnte das entscheidende Tor schießen, keine Mannschaft könnte kurz vor Schluss noch einmal alles nach vorne werfen ... Alles bliebe öde und bedeutungslos.

Die naturalistische Antwort auf die Frage, ob es ein Weiterleben nach dem Tod gibt, ist eindeutig: Nichts spricht für ein Weiterleben. Es gibt weder Hinweise auf eine Seele, die sich vom Körper lösen kann, noch auf einen Gott, der Tote auferweckt. Auch die NTE-Forschung hat nichts zutage gebracht, was den naturalistischen Standpunkt gefährden könnte. Die realistische Vermutung ist, dass nach dem Tod nichts kommt. Das heißt: Wenn es nichts gibt, wird auch nichts leiden oder Langeweile haben. Eigentlich ein zufriedenstellender Zustand.

Aber der Mensch hängt zu sehr an sich, als dass er die totale Auslöschung als absolut befriedigend empfinden könnte. So finden sich auch naturalistische Fortexistenzträume: Einige lassen sich unmittelbar nach dem Tod einfrieren um sich dann in der Zukunft, wenn die Technik so vorangeschritten sein sollte, dass Auftauen, Wiederbelebung und Heilung der Krankheit, die zum Tod geführt hat, möglich ist, auftauen zu lassen. Manche lassen auch nur ihren Kopf einfrieren, um dann den Körper klonen zu lassen. Eine vage

Hoffnung auf Lebensfortsetzung in der Zukunft wird als attraktiver befunden als das Nichts. Es ist unwahrscheinlich, dass das Auftauen ohne Schäden klappt. Eine finanziell kostspielige Todesverdrängung.

Manche haben die Hoffnung, dass die zukünftige Wissenschaft in der Lage ist, den Geist des Menschen auf einen Computer zu übertragen. Vorteilhaft bei dieser Lösung wäre, dass Lebensrisiken beseitigt werden könnten, indem Sicherungskopien angelegt würden. Diese würden eine Forstsetzung des Lebens erlauben, wenn etwas schief geht. Die Frage ist, ob man das entstehende Wesen dann wirklich als Fortsetzung der eigenen Existenz betrachten könnte. Sollte einmal die Technik so weit sein, dass der „Transfervorgang" möglich ist, so entstünde bei Anwendung ein Wesen, das zu der ursprünglichen Person eine gewisse Ähnlichkeit aufwiese, aber doch gleichzeitig sehr verschieden wäre. Wobei dieses Szenario unwahrscheinlich ist: Das Gehirn ist kein Computer. „Hard- und Software" lassen sich nicht trennen.

Naturalisten können auch Trost in Philosophie und Physik suchen. Nietzsche legte seinem Zarathustra die Lehre von der „ewigen Wiederkunft des Gleichen" in den Mund. Nach ihr wird sich alles im Universum wiederholen. Menschen durchleben ihr Leben immer wieder auf identische Weise. Beglückend ist diese Lehre nicht. Und in zweierlei Hinsicht zweifelhaft:

Erstens: Wenn sich alles genau gleich wiederholen sollte, so wäre das gleichgültig.

Zweitens: Die Entropie macht es höchst unwahrscheinlich, dass sich in diesem Universum alles wiederholen wird. Um der Sache Gehalt zu geben, muss man auf spekulative kosmologische Theorien zurückgreifen. Auf ein pulsierendes Universum, das unendlich oft Ausdehnungsphasen durchmacht, um dann wieder zusammenzustürzen, um in einen neuen Urknall einzumünden; oder auf ein Multiversum, in dem unendlich viele Universen ihre Heimat haben.

Die Physik bietet für vergänglichkeitsgeplagte Menschen zum Trost die Blockuniversumstheorie an: Die Relativitätstheorie problematisiert die Gleichzeitigkeit, weil Gegenwart vom Beobachter abhängig ist. Beobachter, die sich relativ zueinander bewegen, kommen zu unterschiedlichen Ergebnissen, wenn sie die Dinge beschreiben, die zu einem bestimmten Zeitpunkt existieren. Damit wird ein allgemein verbindlicher Jetzt-Zeitpunkt unplausibel. Zeit und Raum verlieren ihre unabhängige Existenz. Die grundlegende Entität ist die Raum-Zeit. Die Raumzeit in ihrer Gesamtheit bildet den Schauplatz der Wirklichkeit. Ein Beobachter, der einen Blick von außerhalb nehmen könnte, der sich also quasi im Nirgendwo und Nirgendwann befände, würde das Universum als gigantische Raumzeit-Wurst wahrnehmen. Somit wäre alles im Universum dauerhaft aufgehoben. Das, was dem einzelnen Menschen in seiner Position als Vergangenheit und Zukunft erscheint, ist genauso wirklich wie die Gegenwart.

Da sich Einstein immer gut in einem Buch macht, soll er an dieser Stelle zu Wort kommen: „Für uns gläubige Physiker, hat die Scheidung zwischen Vergangenheit, Gegenwart und Zukunft nur die Bedeutung einer wenn auch hartnäckigen Illusion."

Ob die Relativitätstheorie zwangsläufig zu dieser eternalistischen Auffassung führt, ist keineswegs unumstritten. Und auch nicht besonders tröstlich: Ist die Ewigkeit für einen Menschen doch auf das winzige Raumzeitwürstchen zwischen Geburt und Tod beschränkt; es gibt keine Fortsetzung über den Tod hinaus; es gibt keine Belohnung; alles Negative, das sich während des Lebens zugetragen hat, bleibt bestehen. Aller Schmerz hat Ewigkeit. Auch alle Gräuel der Geschichte befinden sich dieser Theorie nach in Permanenz.

Die NTE als Mittel zur Vergänglichkeitsbewältigung

Die Nahtodjünger behaupten gerne und oft, dass die Angst vor Sterben und Tod infolge einer NTE verloren geht. Diese Aussage hat für Menschen, die ein positives Nahtoderlebnis hatten, gewisse Plausibilität. Aber dass schreckliche NT-Erlebnisse die Angst vor Tod und Sterben ebenfalls mindern, leuchtet nicht ein.

So ist es nicht erstaunlich, dass es Studien gibt, die die Behauptungen der Nahtodapologeten relativieren: Die Ergebnisse der „Knoblauch-Studie" widersprechen den rein positiven Darstellungen der Thanatologen. In dieser Studie gab ungefähr ein Fünftel der Befragten an, dass ihre Angst vor dem Tod infolge des NT-Erlebnisses sogar zugenommen hat. (Siehe S.241 in [22])

Könnten die Lehren der Thanatologen für Naturalisten tröstlich sein? Auch Naturalisten leiden an der Kürze des Lebens. Und an vielen anderen Dingen. Was geradezu natürlich ist. Es wäre auch fast ein Wunder, wenn die tatsächliche Beschaffenheit der Welt (und der Körper) zur vollständigen Zufriedenheit ihrer kurzfristigen Insassen ausgefallen wäre. Die „Evolution will" Vermehrung, nicht das Glück. Sie opfert bedenkenlos Individuen.

Das Lebensglück ist nach menschlichen Maßstäben ungerecht verteilt. Es gibt leidvolle Leben und relativ glückliche Lebensläufe. Das widerspricht dem menschlichen Gerechtigkeitsempfinden. Dass nach einem kurzen elenden

Dasein kompensationslos alles zu Ende sein soll, empört. Auch das eigene Leben ist Quell der Unzufriedenheit. Nach einem ganz normalen Lebenslauf hat wohl mancher Zeitgenosse die Intuition, er hätte sich nach der ganzen irdischen Scheiße eine Belohnung verdient.

Also, warum sich nicht einlullen lassen von den Nahtodpropheten? Den Versuch machen, das kritische Denken auszuschalten, indem man unreflektiert so lange Erfahrungsberichte und Studien liest, bis sich so etwas wie Glauben einstellt? Wenn man das bewerkstelligen könnte, würde die Endlichkeitsproblematik gemildert. Es gäbe so etwas wie Hoffnung auf ein Wiedersehen, wenn Verwandte oder Freunde sterben. Der Selbstbetrug kann lebenslang aufrecht erhalten werden. Niemand muss befürchten, dass er nach dem Tod aufwacht und feststellt, dass es kein Leben nach dem Tode gibt. Auch der Skeptiker wird nicht wissen, dass er recht behalten hat. Denn die scheinbare Binsenweisheit, dass man nach dem Tod schon erleben werde, bzw. sehen werde, was kommt, ist unzutreffend. Das Nichts kann man weder sehen noch erleben. Auch nicht für den Bruchteil einer Sekunde. (Der Mensch ist zutiefst egozentrisch. Nicht mal im Tod kann er von sich lassen und rechnet sich als Beobachter hinzu.)

Warum also die Wahrheit anstreben?

Ein Problem dabei ist, dass der Schwerpunkt des Lebens ins Jenseits verlagert wird. Obwohl man in Nahtodkreisen peinlich darauf bedacht ist, zu versichern, dass die Nahtoderfahrung zu einer besonderen Wertschätzung des irdischen Lebens führt, ist doch naheliegend, dass die als großartig geschilderte postmortale Welt von Gläubigen als die wahre Welt betrachtet wird. Alles andere wäre übermenschlich. Angesichts eines Ortes der allumfassenden Liebe und des grenzenlosen Verständnisses kann das Erdendasein höchstens eine Pflichterfüllung sein. Ein paar Jahre irdischen Daseins runterreißen und dann ins Eigentliche rübermachen.

Ein zweites Problem stellt der Verlust der intellektuellen Rechtschaffenheit dar. Wer in Sachen Sterblichkeit vor der Realität kapituliert, erhöht seine Anfälligkeit für Aberglauben aller Art. Der Selbstbetrug zieht viele Lügen nach sich, denn das Leben nach dem Tode muss abgestützt werden durch vielerlei zweifelhafte Konstruktion. Pim van Lommels Buch „Endloses Bewusstsein" illustriert dies beispielhaft. Schaurig was man da alles zu Lesen bekommt. Von Uri Gellers Tricksereien bis zu Leuten, die von sich selbst behaupten, sie hätten Saddam Hussein per Fernwahrnehmung aufgespürt: Allen wird geglaubt. Hauptsache es stützt den Glauben an den Unsterblichkeitsgedanken.

Der ewigen Glückseligkeit auf Gedeih und Verderb ausgeliefert?

Wenn es ein Leben nach dem Tod gäbe: Über die Dauer dieser Existenz wäre damit wenig gesagt. Altern die Seelen? Werden sie schwächer und vergehen dann irgendwann? Die Annahme der Thanatologen, dass eine nachtodliche Existenzform ewig Bestand hätte, belegt, dass religiöse Überzeugungen unhinterfragt übernommen werden.

Es gibt noch andere unbeleuchtete Aspekte des nachtodlichen Lebens: Können sich Seelen selbst aus der Existenz befördern, wenn sie ihrer überdrüssig geworden sind? Dies ist eine Frage, die dem unvoreingenommenen Beobachter in den Sinn kommt. Nicht aber den Thanatologen: Die warten mit einem „Beweis des ewigen Lebens" auf, fragen „Tod, wo ist dein Stachel?" und stellen fest: „Auch du lebst ewig", das Drohpotenzial einer derartigen Äußerung nicht bedenkend. Sie setzen damit die Tradition der herkömmlichen Religionen fort. Auch diese widmeten sich der Frage des selbst herbeigeführten endgültigen Todes nicht, obgleich sie eine enorme Bedeutung hat. An dieser Unterlassung sieht man, wie unreflektiert die Vorstellungen vom Paradies sind.

Der Mensch als das maßlose Geschöpf – das sich in der Begrenztheit nicht gut aufgehoben fühlt – und nach der Ewigkeit verlangt. Das länger leben will als die Erde, die Sonne, die Galaxien, und - als das gesamte Universum.

Leben Seelen ewig?

Dieser Fall wäre bei genauer Betrachtung nicht tröstlich: Eine ausweglose Ewigkeit wäre für Menschen nicht verkraftbar. Das irdische Leben erlaubt wenigstens den Ausstieg. Eine Seelenalterung anzunehmen, wäre auch nicht besonders erquicklich: Entkommen dem körperlichen Altern würde man gleich dem nächsten Alterungsmechanismus ausgesetzt sein.

Die tröstlichste Vorstellung wäre, dass Seelen so lange Leben wie sie wollen, und ihr Ende selbst bestimmen können. Das dann auch schmerzlos realisierbar wäre.

Derartige Erwägungen sind nur von begrenztem Wert. Wir leben in keiner Wünsch-Dir-Was-Welt und treten auch nicht durch den Tod in eine solche ein.

Vorfreude ist die schönste Freude

Viele Menschen wären im Paradies ihres Lebens-Sinns beraubt. Denn sie lebten, um dieses Leben danach zu erreichen. Und jetzt hätten sie in der Erfüllung zu leben. Ewig.

Ein Kind kann sich ohne Weiteres vorstellen, keinen Advent mehr zu begehen, sondern nur noch Weihnachten zu feiern – und das für immer. Erwachsene wissen, dass das „für immer" eines Kindes einen Zeitraum von einigen Minuten oder ein paar Stunden bis vielleicht ein paar Tage umfasst. So lange könnte man die postmortale Existenz aushalten. Und auch noch länger. Aber ewig?

Es gibt einige Geschichten, die die Trostlosigkeit eines immerwährenden Erdendaseins thematisieren. Von einer japanischen Erzählung, in der ein Gelehrter die Insel der Unsterblichkeit erreicht, bis zu Jorge Luis Borges Kurzgeschichte „Der Unsterbliche", in der ein römischer Tribun von einem Fluss Wasser trinkt, das Unsterblichkeit verleiht: Keiner wird glücklich mit der Endlosigkeit. Die jeweiligen Protagonisten sehnen sich nach Sterblichkeit und versuchen Mittel zum Tod zu finden.

Dieselben Probleme träten in einem nicht irdischen Weiterleben auf. Es gibt halt nichts, was Menschen dauerhaft zufriedenstellen könnte. Weder das traditionelle Paradies der Christen, in dem die Gläubigen durch die Gegenwart Gottes beglückt werden, noch das der Moslems, in dem den Gläubigen auch fleischliche Genüsse zuteilwerden, sind für langfristiges Glück geeignet. Die thanatologischen Vorstellungen von der nachtodlichen Existenz sind nicht besser. Das Paradies nach Art von Eben Alexander und Todd Burpo wäre wohl eher eine Hölle für Normalmenschen. Schon beim Lesen der Himmelsschilderungen macht sich erbarmungslose Langeweile breit. Gefangen in einer kitschigen Welt aus bunten Schmetterlingen, rosa Wolken und Engelschorälen. – Für immer. Was für eine Vorstellung. Diese angeblich authentischen Berichte machen also nicht gerade Hoffnung. Mark Twains erfundener Bericht ist kurzweiliger. Aber auch nicht ewigkeitstauglich.

Das Paradies ist nicht realitätstauglich. Es ist schön darüber zu reden und zu spekulieren, was da alles vor sich geht; aber wenn man wirklich da sein müsste, wäre schnell Schluss mit lustig. Der Mensch ist nicht zufrieden mit der Sterblichkeit, aber er wäre todunglücklich mit der Unsterblichkeit.

Ein Leben, das länger dauerte als das Universum – wäre das überhaupt erträglich? Eher nicht. Der Endknall würde erschüttern. Keine Kinder des Universums mehr – verwaiste Seelen im Nichts. Das ewige Leben wäre ein grausamer Spaß.

Man wird einwenden, dass diese Vorstellung naiv sei. „Zehntausend Jahre Aufenthalt im Jenseits sind wie eine Woche auf Erden", hat E. Kübler-Ross angemerkt. (S.54 in [24])

Auch mit verschobenem Zeitgefühl wäre das Problem nicht gelöst. Ewigkeit ist nun mal endlos. Schon Billionen oder Trillionen Jahre wären unerträglich lang. Die einzige Möglichkeit dieser Misere zu entgehen, bestünde darin zu behaupten, dass es nach dem Tod überhaupt keine Dauer gebe. Das wäre wohl eher nichts als etwas.

Was so ein zeitloses Leben sein soll, kann sich niemand vorstellen. Und wozu es überhaupt gut sein soll. Ein glücklicher Lebensmoment wäre nützlicher als das gesamte nachtodliche Leben.

Damit ist man bei Wittgenstein angelangt: „Der Tod ist kein Ereignis des Lebens. Den Tod erlebt man nicht. Wenn man unter Ewigkeit nicht die unendliche Zeitdauer, sondern Unzeitlichkeit versteht, dann lebt der ewig, der in der Gegenwart lebt. Unser Leben ist ebenso endlos wie unser Gesichtsfeld grenzenlos ist."

Die allmähliche Verfertigung des Nahtoderlebnisses

Es ist nicht immer klar, dass ein Nahtoderlebnis stattgefunden hat. Manche Menschen haben etwas in Erinnerung, wissen aber nicht, ob dieses Etwas ein Traum oder ein Halluzinationsgebilde war.

Es gibt auch Menschen, die gar nichts in Erinnerung haben und sich ihr Erlebnis selbst zusammenreimen. Diane Corcoran, die Vorsitzende des I-ANDS (International Association for Near-Death Studies) schilderte das in einem Vortrag.

"However, Corcoran emphasized, the long-term effects of an NDE are as important an indicator of whether you've had one as the experience itself. Many people, she said, don't realize for years that they've had an NDE, and piece it together only after they notice the effects. These include heightened sensitivity to light, sound, and certain chemicals; becoming more caring and generous, sometimes to a fault; having trouble with timekeeping and finances; feeling unconditional love for everyone, which can be taxing on relatives and friends; and having a strange influence on electrical equipment." (Lichfield in [70])

In van Lommels Studie berichten vier Patienten nachträglich von einer NTE. Das könnte daran liegen, dass diese Patienten zum Zeitpunkt der Erstbefragung noch nicht bereit waren über ihre NTE zu reden. Wahrscheinlicher ist aber, dass sich diese Patienten ihre NTE im Laufe der Zeit selbst gebastelt haben. Bewusstlosigkeit ist ein Leerraum, der von der Fantasie aufgefüllt werden kann.

Schweigen, weil er befürchtet ausgelacht zu werden, wird in neuerer Zeit kaum einer. Sollte es mal wirklich eine Zeit gegeben haben in dem das Reden Tabu war, so ist diese längst vorbei. Es ist chic, sich mit einem Nahtoderlebnis zu schmücken. Kaum eine Woche vergeht, ohne dass ein Prominenter sein Nahtoderlebnis und die positiven Auswirkungen, die es auf ihn gehabt hat, mitteilt.

Nur die negativen Erlebnisse könnten noch mit Blockaden versehen sein; insofern, als man vermuten könnte, dass derjenige, der diese Erlebnisse hat, aufgrund seines Lebenswandels verdient in die Hölle geschickt zu werden.

Die Angst des Thanatologen vor der Recherche I

Was behauptet der Naturalismus? Der Mensch ist wie jedes andere Tier aus dem Evolutionsprozess hervorgegangen; Geist/Bewusstsein ist eine Leistung des Gehirns. Ohne Gehirntätigkeit gibt es kein Bewusstsein.

Die Nahtodforschung kann sicher nicht beweisen, dass es ein Leben nach dem Tod gibt, aber sie könnte die supernaturalistische Natur der NTE nachweisen und somit den Naturalismus widerlegen.

Wann wäre der Naturalismus widerlegt? Wenn man nachweisen würde, dass Bewusstsein ohne Gehirntätigkeit stattfinden kann, oder, dass sich der Geist vom Gehirn abspalten kann.

Beides wird gerne und oft behauptet in Thanatologenkreisen. Aber der Nachweis fehlt. Die Anekdoten, die als Beleg für die Existenz obengenannter Phänomene zum Besten gegeben werden, weisen allesamt Schwächen auf.

Nachweise könnten auch unabhängig von einer NTE erbracht werden: In „Erinnerung an den Tod" beschreibt M. Sabom eine Patientin, die behauptet, ihren Geist gezielt vom Körper abkoppeln zu können. Wenn diese Frau das unter kontrollierten Bedingungen bewerkstelligen könnte, dann wäre der Nachweis erbracht, dass naturalistische Weltbilder falsch sind. Jeder – egal ob er eine NTE erlebt hat oder nicht – könnte den Beweis erbringen, dass der Naturalismus falsch ist, wenn er denn diese Fähigkeiten hätte. Der Naturalismus könnte von einem fünfjährigen Kind widerlegt werden.

Man kann getrost davon ausgehen, dass niemand diese Fähigkeiten hat. Denn einer würde sich doch sicher in den letzten Jahrzehnten bereitgefunden haben, seine fantastischen Begabungen mit der Welt zu teilen.

Dass NTE mehr sind als bloße Gehirnereignisse, könnten die Forscher leicht nachweisen, wenn es denn stimmte, dass NTE-Erfahrende paranormale Wahrnehmungen machen. Denn nicht nur das Herbeiführen von Außerkörperlichkeit gehört nach Angaben der NTE-Forscher zu den Gaben; die NTE-Erfahrenen erfreuen sich einer ganzen Palette an Fähigkeiten:

„Eine große Anzahl von Experiencern entwickeln nach der NTE parapsychologische Fähigkeiten. Diese neu in Erscheinung tretenden Fähigkeiten umfassen sowohl die Telepathie, hellseherische und prophetische Gaben, die Fähigkeit Geschehnisse andernorts wahrzunehmen oder die Gedanken anderer Menschen zu lesen, als auch die Gabe, Krankheiten zu erkennen und sogar zu heilen." (S.59 in [11])

Stimmte dies, dann bräuchte man keinen Verweis mehr auf Experimente, die unter zweifelhaften Bedingungen durchgeführt wurden, denn dann könnte man einige Leute aus dieser „großen Anzahl" unter kontrollierten Bedingungen testen und damit nachweisen, dass es diese Fähigkeiten gibt. Ganz so weit scheint es dann doch nicht her zu sein mit den besonderen Befähigungen. So muss man, um zu belegen, dass es so etwas wie außerkörperliche Wahrnehmung geben könnte, auf zweifelhafte Versuche zurückgreifen. Der bekannteste ist der von C. T. Tart, der im Jahr 1968 durchgeführt wurde. Die Versuchsperson Miss Z sollte während der Nacht eine Außerkörperlichkeitserfahrung herbeiführen und eine 5–stellige Zahl, die oberhalb des Bettes angebracht war, identifizieren. Überwacht wurde sie von Charles Tart, der sich im Nebenraum aufhielt. Angeschlossen war Miss Z an einen Elektroenzephalografen. Der Versuch fand an vier nicht aufeinanderfolgenden Nächten statt. In den ersten 3 Nächten verlief der Versuch ergebnislos. In der vierten Nacht gab sie die Ziffernfolge korrekt an.

Der Versuch hatte Schwächen. Miss Z wurde nicht untersucht, sodass sie ohne Weiteres Spiegel oder ähnliche Gerätschaften, mit deren Hilfe sie die angebrachte Zahl hätte lesen können, mitzubringen in der Lage war. Tart hat zugegeben, in der fraglichen Nacht eingedöst zu sein. Was Miss Z auch sehen konnte, denn die Scheibe zum Nebenzimmer war von beiden Seiten durchsichtig. Kameraüberwachung gab es nicht.

Am wahrscheinlichsten ist, dass Miss Z vorsichtig aufstand ohne die Elektroden des EEG abzureißen und nachgeschaut hat. Diese Erklärung passt gut zu dem Umstand, dass die Aufzeichnungen des Elektroenzephalografen während der betreffenden Nacht nicht besonders gut waren. „The EEG was technically rather poor on this night, [...]" (Tart in [82])

Wichtig wäre es gewesen, Sorge zu tragen, dass die Versuchsperson die Zahl nicht auf natürlichem Wege wahrnehmen kann. Man hätte den Versuch unter betrugsunfreundlichen Bedingungen wiederholen können, aber das wurde nicht gemacht. Weitere Experimente mit der Frau kamen nicht zustande, weil diese nach Tarts Angaben umgezogen war.

Die größte Entdeckung der Menschheitsgeschichte scheiterte an einem Wohnortwechsel. Tragisch!

Das fehlende Engagement in Sachen Beweis ist verräterisch: Die meisten Forscher glauben wohl selbst nicht daran, dass ein Beweis geliefert werden kann. Beim Nachforschen entpuppen sich PSI-Experimente regelmäßig als Luftnummern: nicht reproduzierbar und nicht sauber bei den Versuchsanordnungen.

Einige Forscher glauben wohl an PSI-Phänomene, zeichnen sich aber durch Blauäugigkeit gegenüber ihren Versuchspersonen aus. Wie nachlässig und vertrauensselig parapsychologische Forscher mitunter vorgehen, hat James Randi aufgedeckt, als er zwei Kleinmagier in ein Forschungsinstitut einschleuste. Die beiden beeindruckten mit ihren „parapsychologischen Fähigkeiten", d. h. ihren Tricks, die Forscher. (Siehe: Kompa in [69])

Es wird immer gerne darauf verwiesen, dass die CIA einige Jahre Forschungen zu Fernwahrnehmung finanzierte. Das stimmt sogar. Die CIA ging unvoreingenommen an die Sache heran, gab den „Forschern" genug Zeit um Ergebnisse zu liefern – und sah dann ein, dass die Sache nur Geldverschwendung ist. Hätten die Verantwortlichen bei der CIA auch nur eine geringe Wahrscheinlichkeit auf verwertbare Ergebnisse gesehen, dann hätten sie die Sache sicher nicht eingestellt. Also spricht dieser Sachverhalt klar gegen die Realität von Fernwahrnehmungen.

Es sind hohe Summen ausgelobt für jemanden, der paranormale Fähigkeiten unter Beweis stellt. Keiner hat sich das Geld abgeholt. Natürlich kann man einwenden, dass diese Leute nicht geldgierig sind. Aber niemand ist verpflichtet, das Geld für persönliche Zwecke auszugeben. Spenden für Kranke, Arme oder die Umwelt sind doch immer willkommen.

Was bleibt von Teleportation, Gedankenlesen, Fernwahrnehmung? Nichts.

Wenn es so etwas wirklich gäbe, hätte man schon längst unzweifelhafte Beweise vorgelegt. Es geht diesen Kreisen nicht mehr darum etwas zu beweisen, sondern darum, einen Beweis vorzutäuschen.

Widersprüchliches

Elisabeth Kübler-Ross sah es als ihre Aufgabe an, den Menschen die frohe Botschaft zu überbringen, dass es keinen Tod gibt. Ihr Geistführer habe ihr diese Aufgabe zugeteilt.

Wenn der jenseitigen Welt so sehr daran gelegen ist: Warum beweist sie sich nicht? Die Verstorbenen könnten allen lebenden Menschen erscheinen, oder zumindest jemand metaphorisch Coleridges Blume in die Hand drücken, indem sie ihn beispielsweise auf die angebrachten Zeichen aufmerksam machen, die er dann berichten könnte. Oder indem sie ihm (nachprüfbare) Dinge mitteilen, die keiner wissen kann. Wenn ein Nahtodüberlebender plötzlich einen versteckten Piratenschatz ausbuddeln und ein anderer ein verschollenes Flugzeug fände, dann würde die Skepsis ziemlich schnell ein Ende haben.

Und wäre die frohe Botschaft wirklich so Freuden spendend? Einige Darstellungen der postmortalen Existenz sind gar nicht beruhigend – weder für die Verstorbenen noch für die Lebenden. Bei der Vorstellung, dass sich Seelen weiterhin zwischen den Lebenden herumtreiben (Siehe Moody [35] S.27-32), wird wohl mancher ein etwas mulmiges Gefühl beim Duschen bekommen. Für Voyeure könnte das tatsächlich zeitweilig das Paradies sein. Auch wenn der Reiz des Nervenkitzels entfiele. Erwischt werden kann so eine Seele nämlich nicht. Und: Handentspannung ist auch nicht möglich. Vielleicht wäre es auch die Hölle. Freien Eintritt zu haben und doch nichts erreichen können. Diese Seelen könnten sich aber immer noch damit trösten, dass es anderen Seelen noch dreckiger erginge: Für Exhibitionisten-Seelen wäre die Körperlosigkeit ein nie endender Albtraum.

Etwas widersprüchlich ist auch die Außendarstellung der NTE-Gläubigen:
Die Propaganda sieht die Experiencer als liebende, nach Wissen strebende Wesen. Wobei Letzteres sinnlos ist, weil nach Ansicht der Überlebenshypothesler dem Menschen nach dem Tod das Wissen ohnehin zufällt.

Warum sollte jemand nach Wissen streben, wenn ihm doch dieses nach dem Tod zuteil wird? Da wäre es doch besser nach Lust zu streben, nach fleischlichen und hochprozentigen Genüssen. Denn diese wird man missen müssen im Seelenreich.

Dualismus

Es gibt keine monistische Mafia, die den Dualismus mit unlauteren Mitteln aus dem Rennen geworfen hat. Dass der Dualismus unter Wissenschaftlern und Philosophen massiv an Anhängern verloren hat, liegt an der Schwäche des Dualismus.

Das beginnt mit der Frage: Wie sollen ontologisch verschiedene Substanzen überhaupt aufeinander einwirken? Im interaktionistischen Substanzdualismus nimmt man entweder einen magischen Übertragungsweg an und postuliert eine Informationsübertragung ohne Energieübertrag. Oder man lässt den Geist bei der Kontaktaufnahme zu neuronalen Systemen Energie aus dem Nichts produzieren und bei der Rückwirkung Energie wieder im Nichts verschwinden. Der Energieerhaltungssatz wäre falsch, wenn dies zuträfe.

Es gibt noch parallelistische Dualismusmodelle, die dieses Problem umgehen, indem sie behaupten, dass es keine Wechselwirkung zwischen Geist und Gehirn gäbe. Aber damit braucht man einen Uhrmacher, der Geist und Materie synchronisiert. Überzeugend ist so ein Rückgriff auf göttliche Eingriffe nicht.

Wo kommt so eine Seele überhaupt her? Entweder von Gott geschaffen, oder aber ewig bestehend. Wieso bindet sich das Bewusstsein/Geist/Seele an eine durch Evolution entstandene Lebensform und warum passen sie zueinander?

In welchem Stadium der Evolution fand diese Verbindung statt? Welche Lebewesen haben überhaupt eine Seele? Ist sie nur auf den Menschen beschränkt, auf Affen, auf die Primaten, auf die Säugetiere, auf die Wirbeltiere?

Wann kommt die Seele zum einzelnen Menschen? Wenn sich das erste Neuron entwickelt, oder später, wenn das Gehirn fast ausgereift ist?

Gibt es seelenlose Menschen? Gibt es Menschenkörper mit mehreren Seelen?

Können Seelen die Körper tauschen? Das sind alles Fragen, auf die der Dualismus keine Antworten geben kann.

Dagegen gibt es zahlreiche Hinweise darauf, dass der Monismus wahr ist:

-Bildgebende Verfahren zeigen den engen Zusammenhang zwischen physiologischen Prozessen und geistigem Erleben.

-Elektrische Hirnstimulation ruft Eindrücke, Erinnerung und Gedanken hervor.

-Verletzungen und Krankheiten haben spezifische Ausfälle und auch Persönlichkeitsveränderungen zur Folge.

-Eine gut wirkende Vollnarkose schaltet den Geist ab. Wie könnte etwas, das unabhängig vom Gehirn besteht, durch eine kleine Dosis Narkosemittel vollständig aus der Existenz geworfen werden?

-Die Wirkungen von Betäubungsmitteln, Drogen: Es wäre unerklärlich, dass Drogen einen immateriellen Geist so aus der Bahn werfen. Man könnte argumentieren, dass die Drogen das Gehirn so beeinflussen, dass der Geist nur noch eingeschränkten Zugriff auf die neuronalen Strukturen hat; dass eigentlich ein Vermittlungsproblem vorliege. Diese Erklärung überzeugt nicht: Es liegt sicher kein Vermittlungsproblem vor, wenn jemand im LSD-Rausch, im Glauben er könne fliegen, aus dem Fenster springt. Jeder der schon mal Alkohol und/oder Drogen konsumiert hat, weiß, dass da nicht nur ein Vermittlungsproblem vorliegt, sondern der Bewusstseinszustand wirklich drastisch verändert wird.

-Es gibt Medikamente, die Stimmungen beeinflussen.

All diese Dinge sind mit dualistischen Denkmodellen nicht zu erklären. Nach bestem Wissen und mit bestem Gewissen kann man feststellen: Der Dualismus ist falsch.

Die Beweislage ist eindeutig. Was die neuen Dualisten nicht davon abhält sich auf alles zu stürzen, was geeignet scheint den Monismus unattraktiv zu machen. Sehr oft wird in Nahtodkreisen die Behauptung aufgestellt, dass die Freiheit des Menschen durch eine Seele sichergestellt würde. Das ist philosophisch naiv: Auch durch eine Seele entkommt man nicht den prinzipiellen Problemen. Man verschiebt diese nur ins Feinstoffliche oder ins Immaterielle. Die Seele leistet in Hinsicht auf die Willensfreiheit gar nichts. Es ist auch kein Argument, sondern nur ein Appell ans Gefühl, denn eine Seele beginnt nicht zu existieren nur weil Menschen das als wünschenswert empfinden.
Van Lommel verweist auf Wasserköpfe und beruft sich auf einen Science-Artikel, der die Überschrift: „Is your brain really necessary?" trägt. Dieser Artikel ist von John Lorber inspiriert. Lorber stellte einige Fälle von Hydrozephalie vor, bei denen die Patienten eine erstaunlich geringe Dicke des Hirnmantels aufwiesen. (S.235 in [27]) Braucht man ein Gehirn? Wenn nicht, dann stellen sich neue, beunruhigende Fragen im Umgang mit Tieren. Wenn der Geist wirklich unabhängig vom Gehirn wäre, dann könnte sich auch in einer Mücke ein empfindsames und warmherziges Geisterwesen befinden. Darf man das einfach aus dem Körper herausklatschen? Darf man Hühner überhaupt noch essen? Darf man noch Autofahren angesichts der Tatsache, dass dadurch unzählige Kleinlebewesen getötet werden?

Ein Hydrozephalus entsteht durch eine krankhafte Erweiterung der mit Liquor gefüllten Flüssigkeitsräume. Es tritt eine Verformung des Cortex ein. Aber das muss nicht zu Intelligenzminderungen führen. Wenn der Cortex nicht beschädigt wird, dann reicht eine Dicke von weniger als einem Zentimeter aus, um normale Intelligenz zu haben. (S.122 in [23]) Auch beim Thema Hydrozephalus geht es also mit rechten Dingen zu. Logischerweise. Denn wenn das alles so gut ohne Gehirn funktionierte, dann hätte der Mensch keines. Die Evolution hätte diesen Energiefresser gar nicht entwickelt. Das menschliche Gehirn verbraucht 20 bis 25 Prozent der aufgenommenen Energie. Das Gehirn hat wichtige Aufgaben.

Keiner käme auf die Idee zu behaupten, dass Atmung oder Bewegung, losgelöst von der physischen Basis existieren könnten. Und somit spricht auch niemand vom Lungen-Atmungs-Problem oder vom Körper-Bewegungs-Problem. (Vgl. Bunge, Mahner S.198 in [6])
Nur für Leistungen des Gehirns wird aus religiösen Gründen ein „Leib-Seele-Problem", oder moderner: ein „Gehirn-Geist-Problem" (oder auch: psychophysisches Problem) konstruiert.

Van Lommel attackiert die materialistische Ausrichtung der westlichen Medizin und behauptet:
„Dieser materialistischen Auffassung nach sind Bewusstseinserfahrungen während einer Bewusstlosigkeit, eines Herzstillstands, eines Komas oder eines Gehirntods natürlich unmöglich." (S.288 in [27])
Diese Darstellung ist falsch. Der Materialismus besagt, dass Bewusstsein ohne Gehirntätigkeit unmöglich ist. Das bedeutet: Wenn der Gehirntod korrekt diagnostiziert wurde, dann ist in der Tat Bewusstsein unmöglich. Bewusstsein während eines Herstillstands oder während eines Komas stellt keinen Widerspruch zum materialistischen Ansatz dar: Bewusstsein während eines Herzstillstandes ist möglich, wenn das Gehirn ausreichend arbeitet. Bewusstsein bei Komapatienten ist möglich, wenn das Gehirn ausreichend arbeitet. Der Glukoseverbrauch im Gehirn gibt Aufschluss darüber, zu welchen Leistungen das Gehirn in der Lage ist. (Siehe: [80])
Nichts spricht gegen den Monismus. Die NTE-Forschung hat nichts vorgelegt, was einen Paradigmenwechsel nötig machte.

Gedankenspiele

Wer bewiese, dass sich der Geist vom Körper lösen kann, oder dass es ohne Gehirntätigkeit Bewusstsein geben kann, der bekäme mit Sicherheit den Nobelpreis.

Nicht nur den Nobelpreis. Der wäre nur Beiwerk angesichts der Bedeutung dieses Nachweises. Es wäre die größte wissenschaftliche Entdeckung der Menschheitsgeschichte. Und gleichzeitig eine Wasserstoffbombe ins Zentrum der modernen Naturwissenschaft. Monistische Weltbilder würden einstürzen. In der Philosophie des Geistes stünden nur noch Modelle zur Auswahl, die auf ontologischen Dualismus beruhen. Alle anderen Theorien wären nur noch für Historiker von gewissem Interesse. Der Geist fiele aus dem Naturzusammenhang.

Die Evolutionstheorie käme wieder auf den Prüfstand. Man müsste von zwei Evolutionen ausgehen, und neben der materiellen Evolution eine geistige Evolution annehmen. Und Gott käme mit aller Macht zurück in die Welt-Erklärungsmodelle: Denn wenn es zwei Substanzen gäbe, die so wunderbar zueinanderpassen, wäre das wahrscheinlich nur durch Vorausplanung zu erklären. Man sollte erwarten, dass Nahtod-Forscher mit großem Engagement versuchen, supernaturalistische Effekte nachzuweisen. Was möglich wäre, gäbe es Außerkörpererfahrungen, die mit dem Verlassen des Körpers einhergingen. Diese wären mit einfachen Mitteln nachzuweisen.

Nicht bewiesen wäre damit eine Fortexistenz des Geistes nach dem Tod, denn selbstverständlich kann man die Experimente nur mit Lebenden durchführen und auch die NTEler sind noch am Leben. Aber es gäbe zumindest berechtigte Hoffnung. Wenn der Geist nicht auf ein funktionierendes Gehirn angewiesen wäre, dann könnte er den Tod des Körpers überleben. Und die Tatsache, dass manchmal während einer NTE bereits verstorbenen Angehörigen begegnet wird, wäre eine Stärkung dieses Glaubens. Denn warum sollten die Außerkörperlichkeitserlebnisse wahr sein, aber die Personen, die während dieser Zeit gesehen werden, Halluzinationen?

Beruhigend wäre ein derartiger Glaube nicht: Denn es gäbe immer noch Unsicherheit bezüglich der Nachlebensqualität. Eine Unsicherheit, die auch bestehen bliebe, wenn die Nahtoderlebnisse eine postmortale Wirklichkeit zeigten. Denn die Rückkehrer hätten die Grenze nicht überschritten. (Zumindest die meisten.) Vielmehr wurden sie häufig zurückgeschickt von möglicherweise wohlmeinenden Verwandten, die ihnen noch ein bisschen Spaß auf der Erde gönnen wollen, bis sie ins unvermeidbare nachtodliche Trübsal eintauchen.

Es könnte die Hölle sein. Oder es könnte eine Weile paradiesisch sein und dann zur Hölle werden. Abgeschnitten von Vergnügungen, in einem Meer aus Langeweile und Ödnis. Schließlich sind die Vergnügungen, die der Mensch kennt, von körperlicher Natur. Sexuelle Abenteuer, Fußball, und Ähnliches dürften körperlos oder feinstoffkörperlich eher schwer durchführbar sein.

Moody zufolge sind sexuelle Handlungen eher schwierig, weil: „Die Zugehörigkeit zu einem der beiden Geschlechter ist ebenfalls aufgehoben." (S. 42 in [35])

Dieses Paradies erinnert stark an den christlichen Himmel. Eine Seele könnte sich noch nicht mal an den Alkohol halten, um ihrer eventuellen Trostlosigkeit für ein paar Stunden zu entkommen.

Das Paradies als besserer Ort?

Ob man wirklich darauf hoffen sollte, dass in einem eventuell stattfindenden nächsten Leben alles besser wird?

Bertrand Russell hatte darauf eine gute Antwort: „Nehmen wir an, Sie bekommen eine Kiste Orangen und beim Öffnen stellen Sie fest, dass die ganze oberste Lage Orangen verdorben ist. Sie würden daraus nicht schließen: »Die unteren müssen dafür gut sein, damit es sich ausgleicht.«" (In [76])

Diese Welt hier ist voller Leid. Das nicht nur vom Menschen verursacht wurde. Naturkatastrophen und Krankheiten fordern einen hohen Tribut. Das ist eine Herausforderung für alle, die sich an einer Verteidigung des guten Gottes versuchen. Eine Herausforderung, an der alle Verteidiger Gottes gescheitert sind. Es gibt zwei vernünftige Antwortmöglichkeiten: „Gott wollte die Welt nicht besser." Diese Antwort raubt Gott seine Güte und die Menschen die Hoffnung auf ein besseres nachtodliches Leben. Die zweite: „Er konnte es nicht besser", ist ebenfalls nicht tröstlich. Wenn Gott hier die bestmögliche Welt geschaffen hat, dann sollte man nicht davon ausgehen, dass das nachtodliche Leben besser wird. Denn auch dieses wäre notwendigerweise leiddurchzogen. (Eine dritte – eher nicht so vernünftige - Antwortmöglichkeit besteht darin zu behaupten, dass Gottes Vorstellungen von Glück und Leid eben sehr verschieden sind von dem, was der Mensch darunter versteht. Dies bedeutete aber kommunikative Wirrnis. Wenn Gott sagen würde, dass das Paradies ungemein beglückend sei, dann hieße das gar nichts. Seine Vorstellungen sind ja anders als die der Menschen. Für Menschen könnte das immerwährende Qual bedeuten.)

Da stellt sich die Frage: Muss man das nachtodliche Leben antreten? Wenn man Thanatologen Glauben schenkt, ist die Antwort: Ja. Es ist eine Pflichtveranstaltung. Denn es ist ein Gericht vorgesehen. Zumindest für schlechte Menschen.

Nicht auf die Größe kommt es an

Umfragen zufolge hat ein beachtlicher Bevölkerungsteil schon NTE gemacht. Man hört öfters die Meinung, dass die großen Zahlen auf medizinischen Fortschritt, der bessere Reanimationsmaßnahmen gewährleiste, zurückzuführen seien.

Sicher haben keine 5% der Bevölkerung einen Kreislaufstillstand mit NTE erlebt. Wenn man in Rechnung stellt, dass nur ungefähr jeder zehnte Patient, der einen Kreislaufstillstand erleidet, von einer NTE berichtet, dann müsste die Zahl der Kreislaufstillstandspatienten atemberaubend hoch sein. Dass heute so viele Menschen von einer NTE berichten, hat wohl eher damit zu tun, dass diese Mode ist.

Auf große Zahlen können auch Anhänger anderer populärer Phänomene verweisen, ohne dass man davon ausgehen müsste, dass die schiere Anzahl etwas darüber aussagt, ob es sich bei diesen Phänomenen um objektive Realität handelt oder nicht: Millionen Menschen sind durch Außerirdische entführt worden. Genauer formuliert: Millionen Menschen behaupten von Außerirdischen entführt worden zu sein. Noch genauer formuliert: Es gibt Statistiken, die behaupten, dass Millionen Menschen behaupten, von Außerirdischen entführt worden zu sein. (Kritiker aus der Nahtodszene werden darauf hinweisen, dass es illegitim sei, ein Phänomen wie den Nahtod mit Außerirdischen in Zusammenhang zu bringen. Die Verbindung wurde schon durch die Großmeister der NTE hergestellt: Moody lässt in einem Buch den „tatkräftigen NTE-Pionier" Michael Grosso zu Wort kommen, der in NTE, UFO-Sichtungen und Chanelling Zeichen eines kollektiven Bewusstseinswandels in Richtung Spiritualität, sieht. (S.159 in [36]) Auch Kenneth Ring sieht eine Verbindung von NT-Erlebnissen und Entführungen durch Außerirdische. In seinem Buch *The Omega Project* zieht er Parallelen zwischen den Erlebnissen von Entführten und Experiencern und deutet dies als neue Bewusstseinsstufe des Menschen.)

Eine Entführung durch Außerirdische stünde in keinem Widerspruch zu einem naturalistischen Weltbild. Es ist nicht unwahrscheinlich, dass fremde Planeten intelligentes Leben beherbergen, und es ist nicht ausgeschlossen, dass diese Lebensformen die Distanz zur Erde überbrücken; oder was wahrscheinlicher wäre, Roboter losschicken, um Planeten wie die Erde zu erkunden. Warum also die Skepsis, wo doch mit Kary Mullis sogar ein echter Nobelpreisträger behauptet, eine Nahbegegnung mit Außerirdischen gehabt zu haben?

Weil man gegenüber Phänomenen, die sich so hartnäckig einem Beweis entziehen, obgleich sie doch einfach zu belegen wären, immer misstrauisch sein sollte. Das vorgelegte Material ist dürftig: Wenn UFOs so häufig wären, dann hätte man in einer Zeit, in der fast jeder mit Handykamera rumläuft, sicher gutes Beweismaterial. Und warum gibt es keine Beweise, obschon viele der Entführungsopfer behaupten ihnen seien Föten oder Implantate eingesetzt worden? Implantierte Sonden wären ein handfester Beweis. Aber derartige Sachen werden natürlich nicht vorgelegt.

Wie die Nahtodberichte gleichen sich auch die Entführungsberichte. Was kein Beweis für die Authentizität ist. Man bedient sich aus vorgegebenen Berichten.

Ein populäres Phänomen zieht Spinner und Wichtigtuer an. Wen man alles glaubte, was von jemandem gesagt wird, dann wäre kein Zweifel an der Wirklichkeit von Außerirdischen auf diesem Planeten möglich: Es gibt schließlich Leute, die von sich behaupten, dass sie angeblichen Bergungsteams für abgestürzte UFOs angehörten. Und die auch von diversen UFO-Bergungen berichten. Wobei sich dem unvoreingenommenen Leser oder Zuschauer die folgende Frage aufdrängt: Warum zum Teufel stürzen diese technisch hoch überlegenen Dinger, mit denen die Außerirdischen von fremden Sonnensystemen zu unserem Planeten reisten, auf der Erde so oft ab?

Es ist unzweifelhaft, dass Leute UFOs sehen, das heißt Objekte, die sie nicht einordnen können. Ufologen stürzen sich auf die Berichte und machen sensationsheischende Fälle daraus. (Wie die NTE-Forscher, die sich auf alles stürzen, um es in ihrem Sinne als Beweis für eine postmortale Existenz zu werten.) Das wiederum ruft Zeugen aller Art auf den Plan. Da amalgamieren sich missdeutete Beobachtungen, bewusster Betrug, Drogenerlebnisse und Pseudo-Erinnerungen zu einer Masse, an der sich Kritiker die Zähne ausbeißen. Nicht weil das Material so gut wäre, sondern weil es so umfangreich ist.

Die Entführung durch Außerirdische ist auch für naturalistische Forscher ein interessanter Forschungsgegenstand. Denn es ist unwahrscheinlich, dass alle die von einem solchen Erlebnis berichten, bewusst die Unwahrheit sagen. Es ist davon auszugehen, dass viele „Entführungsopfer" selbst der festen Überzeugung sind, ihnen sei derartiges zugestoßen. Eine einheitliche Erklärung für alle Fälle wird es im Bereich der Entführung durch Außerirdische nicht geben. Schlafparalyse, Drogeneinflüsse, Halluzinationen sind einige Erklärungsmöglichkeiten.

Wie bei NTE gibt es auch bei Entführungen eine Spur zum DMT: Eine Studie der University of Mexico ergab, dass ungefähr 20% der Menschen, denen DMT verabreicht wurde, Erlebnisse wie „Entführungsopfer" hatten. (Siehe S.254-297 in [56])

Dass viele Entführungsopfer unter Hypnose auf ihre Erfahrung stoßen, ist eine weitere Gemeinsamkeit. Auch NTEler entdecken öfters ihre frühere Kindheits-NTE unter Hypnose. Ebenso wie die „Wiedergeborenen", die aus früheren Leben berichten.

Die Angst des Thanatologen vor der Recherche II

Der interessierten Öffentlichkeit werden Anekdoten dargereicht. Diese drehen sich erstaunlich oft um Schuhe und Krankenhäuser. Im Buch „Wissenschaftler äußern sich zur Nahtoderfahrung" wird berichtet: „Unter den NTE-Forschern hat eine entsprechende Anekdote die Runde gemacht, die sie gern bei ihren Symposien erzählen: Im Verlauf eines chirurgischen Eingriffs erlebte ein Amerikaner eine NTE. Während seiner Entkörperlichung fand er sich auf dem Dach der Klinik wieder, in der er behandelt wurde. Er war noch nie in der fraglichen Klinik gewesen, in die man ihn im komatösen Zustand mit dem Krankenwagen eingeliefert hatte. Im Augenblick seiner Entkörperlichung sah er einen alten roten Schuh, der in einen Winkel auf dem Dach des Klinikgebäudes eingeklemmt war. Als er ins Leben zurückgekehrt war, erzählte er diese Episode dem Ärzteteam, das die Beobachtung so abwegig fand, daß es sie nachprüfen ließ. Sie stellte sich als völlig zutreffend heraus." (S.28 in [11])

NTE Forscher verbreiten derartige Anekdoten wie Gläubige Wundergeschichten. Auf die Idee, die Sache nachzuprüfen, kommt keiner. Oder wenn doch hält man die Überprüfung für so unwichtig, dass man der Öffentlichkeit darüber nichts mitzuteilen braucht in dem Buch „Wissenschaftler äußern sich zur Nahtoderfahrung". Der Name der Klinik und eine Befragung des oben erwähnten Ärzteteams wären in diesem Zusammenhang von Interesse. Thanatologische Wissenschaftler sollten doch nicht erwarten, dass Leute sich aufgrund ungeprüfter Anekdoten überzeugen lassen. Einen ähnlichen Fall stellten Ring und Lawrence in [44] vor. Wobei es auch derselbe Fall sein könnte. Anekdoten verändern sich im Laufe der Zeit. (Siehe auch: Prospektive Studien) Und so könnte aus der folgenden Geschichte im Laufe einiger Nacherzählungen die oben vorgestellte Geschichte geworden sein.

Die Ringsche Schuhgeschichte: Eine Frau, die angibt 1985 als Krankenschwester gearbeitet zu haben, berichtet, dass eine Patientin eine Nahtoderfahrung hatte, während derer sie auf dem Krankenhausdach einen roten Schuh sah. Die Krankenschwester habe darauf einem Skeptiker von diesen Eindrücken berichtet. Der habe daraufhin nachgesehen und einen roten Schuh gefunden. Jetzt sei auch er ein Gläubiger.

Irgendwelche Anstrengungen den Namen der Patientin oder den ehemaligen Skeptiker zu ermitteln, um diese dann persönlich befragen zu können, wurden anscheinend nicht unternommen. Es bleibt bei dürren Geschichtchen, die ungeprüft im Raum stehen. Als Beweis ist das natürlich zu wenig. Nicht einmal als Indiz sind solche „Wundergeschichten" zu gebrauchen. Es sind Geschichten von Gläubigen für Gläubige.

Wahrscheinlich sind diese Schuhgeschichten inspiriert durch eine ähnliche Erzählung: Der bekannteste – und wahrscheinlich erste - Turnschuhfall soll sich im April 1977 in Seattle ereignet haben und erlangte als „Marias Shoe case" Bekanntheit, als die Sozialarbeiterin Kimberly Clark diesen Fall sieben Jahre später der Öffentlichkeit vorstellte: Maria, eine Arbeitsimmigrantin, war wegen Herzbeschwerden ins Harbor View Medical Centre eingeliefert worden und erlitt drei Tage später einen Kreislaufstillstand, der relativ schnell behoben wurde. Am selben Tag erzählte sie Clark, dass sie während ihres Kreislaufstillstandes ihren Körper verlassen und dabei verschiedene Beobachtungen gemacht hätte. Unter anderem berichtete sie von einem dunkelblauen Herren-Tennis-Schuh, der auf einem Fensterbrett außerhalb eines Krankenzimmers lag. Clark ging durch das Krankenhaus und fand schließlich den Schuh. Nach ihren Angaben war er nur zu sehen, wenn man das Gesicht an die Fensterscheibe presste. Vom Boden aus war er ihren Angaben zufolge nicht zu sehen.

Ebbern und Mulligan forschten 1994 nach. (Siehe [10]) Sie suchten K. Clark auf und sprachen mit ihr. Die Person namens Maria war nicht mehr auffindbar. Auch wurden keine Menschen ausfindig gemacht, die Maria persönlich gekannt hatten. Ebenso blieb ihnen ein Blick auf den Schuh verwehrt. Clark hatte ihn nach ihren Angaben irgendwo in ihrer Garage, wollte aber nicht suchen. Von der Befragung Marias durch K. Clark gab es weder schriftliche noch Tonband-Aufzeichnungen. So konnte weder beurteilt werden, wie suggestiv die Fragen waren, noch ob Verständnisprobleme oder kommunikative Missverständnisse vorlagen.

Was bleibt, sind die Angaben einer Sozialarbeiterin, die auf dem NTE-Gebiet sehr rührig war, hat sie doch in demselben Krankenhaus einen Fall von „Blindsicht" ausfindig gemacht. (Siehe: Blindsicht)

Und ihre Angaben sind nicht gerade gut. Ebbern und Muligan plazierten im Zuge ihrer Nachforschungen einen Schuh genau da, wo nach den Angaben Clarks der Tennisschuh gelegen hatte. Der Schuh war ohne Weiteres vom Boden aus sichtbar und konnte auch von innerhalb des Krankenzimmers problemlos gesehen werden. Damit muss man keine supernaturalistische Erklärungen bemühen, gesetzt den Fall, der Fall hat sich wie geschildert zugetragen. Denn Maria könnte den Schuh vom Boden aus gesehen haben, oder aber es könnten sich Leute in Gegenwart Marias über diesen Schuh unterhalten haben.

Was man aus den Schuhfällen lernen kann? Nachforschungen sind Aufgabe der Skeptiker. Die „Gläubigen" sind in der Beziehung weit weniger engagiert, wahrscheinlich aus Angst sich gefällige Geschichten durch Recherche kaputt zu machen.

Die Diskrepanz zwischen der Bedeutsamkeit der Entdeckung und der Halbherzigkeit der Nachweisversuche ist erstaunlich. Wer an der größten Entdeckung der Menschheitsgeschichte dran ist, der sollte doch ein ganz anderes Engagement zeigen. Kelly, Greyson und Stevenson geben zu, dass es keinen Fall, bei dem paranormale Wahrnehmungen eine Rolle spielen, gibt, der „angemessen erforscht, überprüft und dokumentiert worden ist." (S.125 in [20])

Kelly, Greyson und Stevenson stellen den Fall einer Frau vor, die nach einer Gallenblasenoperation eine Außerkörperlichkeitserfahrung durchmachte. (S.109f in [20]) Während dieser sah sie spielende Kinder, einen Weihnachtsbaum und eine Reihe von Laken, die auf dem Balkon unterhalb flatterten. Sie erzählte dann einer Krankenschwester von ihren Beobachtungen. Diese öffnete das Fenster und bestätigte die Laken.

Es gibt eine naheliegende, naturalistische Lösung dieses Falles, die die Autoren nicht in Betracht gezogen haben: Die Schwester könnte die Unwahrheit gesagt haben. Das wäre durchaus verständlich in der beschriebenen Situation. Die Schwester betritt den Raum und wird von einer aufgeregten Patientin gebeten, ihr zu bestätigen, dass auf dem Balkon unterhalb, ein Weihnachtsbaum steht und Laken hängen. Die Schwester will die Patientin nicht aufregen und denkt, dass es das Beste ist, wenn sie der Patientin zustimmt.

Das heißt: Man hätte auch die Schwester finden und zu der Sache befragen müssen. Was bei Geschichten, die mehrere Jahrzehnte zurückliegen, ein relativ schwieriges Unterfangen ist. Die Frau konnte sich nicht mal an den Namen des Krankenhauses erinnern.

In ähnlichen Fällen, die sich um Gegenstände auf Krankenhausdächern drehen, könnten ähnliche Erklärungen greifen, sofern diese Geschichten nicht gänzlich erfunden sind. Wobei man auch sicherstellen müsste, dass die Auffinder des Gegenstandes auch die ersten Personen waren, denen der Patient davon erzählt hat. Denn angenommen der Patient erzählt als Erstes z. B. einem Pfleger von seiner Vision. Diesem Pfleger könnte der Schalk im Nacken sitzen und im Bewusstsein, dass der Patient weiteren Beschäftigten des Krankenhauses davon erzählen wird, und der Wahrscheinlichkeit das auch wirklich jemand nachschauen wird, genau den Gegenstand, den der Patient zu sehen glaubte, auf dem Dach platzieren. Und sich dann zuerst diebisch über die Verblüffung des Auffinders freuen, um dann vielleicht in Bestürzung zu fallen, welche Aufmerksamkeit seiner kleinen Schelmerei beigebracht wird.

Die Wissenschaft könnte schnell einer Eulenspiegelei aufsitzen, wenn nicht gründlich nachgeforscht wird. Nicht jeder Anekdote muss Glauben geschenkt werden. Es gibt Leute, die die Öffentlichkeit zum Narren halten wollen. Siehe den Chopper-Fall. Der begann höchstwahrscheinlich als kleiner Scherz, der dann ob der gewaltigen Aufmerksamkeit außer Kontrolle geriet. (siehe [73])

Was ist ein Beweis?

Hatte Elisabeth Kübler-Ross noch vollmundig behauptet, der Tod sei „eine Geburt in eine andere Existenz, die ganz, ganz einfach bewiesen werden kann." (S. 12f in [25]) so ist in der Zwischenzeit Ernüchterung eingekehrt, weil es mit den Beweisen dann doch nicht so weit her ist. Als „Beweis" begnügt Kübler-Ross sich mit Anekdoten, die mit dreisten Behauptungen versehen werden.

„Es gab sogar Leute, die uns das Kennzeichen jenes Wagens genannt haben, der sie angefahren hatte, dann aber einfach weitergefahren war. Wissenschaftlich kann man eben nicht erklären, dass jemand, der keine Hirnwellen mehr hat, noch das Autonummernschild lesen kann." (S. 15f in [25])

Man muss so etwas auch nicht wissenschaftlich erklären: Angenommen es gab wirklich einen oder mehrere derartige Fälle. Dass das Unfallopfer zum Zeitpunkt des Aufpralls keine „Gehirnwellen" mehr hatte, ist auszuschließen.

Ohne Gehirnwellen nimmt man nicht am Straßenverkehr teil. Damit ist es möglich, dass das Unfallopfer das Nummernschild bei der Annäherung des Autos sah. Es ist auch möglich, dass er es nach dem Unfall noch zur Kenntnis genommen hat. Mit arbeitendem Gehirn natürlich, denn dass die Hirnstromwellen bei Null lagen, ist eine vollkommen unbelegte Behauptung. Der Notarzt schließt Patienten während der Versorgung nicht an einen Elektroenzephalografen an. (Mit ihrer zweifelhaften Gehirnwellenbehauptung steht Kübler-Ross nicht allein. Siehe Herzensangelegenheiten)

Kübler-Ross berichtet auch von Blinden: „Und diese Blinden, die ein außerkörperliches Erlebnis gehabt haben und zurückgekommen sind, können Ihnen im Detail sagen, was für Farben und welchen Schmuck Sie zu jener Zeit, so Sie anwesend waren, trugen, was für ein Muster Ihr Pullover oder Ihre Krawatte hatte und so weiter." (S.19 in [25])

Wenn das stimmte, wäre das natürlich ein Beweis dafür, dass Blinde während einer Außerkörperlichkeitserfahrung sehen können. Wenn es stimmte. Solche Fälle wurden nie der Öffentlichkeit vorgestellt. Ein paar Jahre später legten Ring und Cooper in Mindsight Fälle vor, die weit weniger Beweiskraft haben. Und die mit den üblichen Problemen behaftet sind. Die Schilderungen sind nicht nachprüfbar, weil die Ereignisse Jahre bis Jahrzehnte zurückliegen. Krankenakten gibt es nicht, und Zeugen, so überhaupt welche gefunden werden, können sich nur ungenau erinnern.

Blindsichten

Wenn es zutreffend wäre, dass die NTE wirklich einen Blick ins Jenseits erlaubt, würde man erwarten, dass alle Blinden, die eine NTE erleben, während dieser sehen können, denn es wäre doch relativ seltsam, dass manche Blinde auch im Jenseits blind bleiben. Es gibt aber blinde „Experiencer", die keine visuellen Eindrücke schildern. (Siehe: [45])

Dass einige Patienten, deren Erblindung noch nicht lange zurückliegt, durchaus visuelle Halluzinationen haben können, ist nicht zu bezweifeln. Die entsprechenden Gehirnteile sind noch funktionstüchtig. Diese Menschen haben auch in Träumen bildhafte Eindrücke.

Der Knackpunkt ist: Machen diese Patienten Angaben über Sachverhalte, die sie nur visuell in Erfahrung gebracht haben können? Bis heute ist kein Beleg dafür aufgetaucht, dass einer dieser Patienten wirklich gesehen hat während einer NTE.

Auch von Geburt an Blinde wissen natürlich wie NTE dargestellt werden und somit, dass Licht eine prominente Rolle in diesen Schilderungen spielt. Manche Blinde können Hell und Dunkel unterscheiden. Diese Diskriminierungsfähigkeit kann natürlich in der NTE aufscheinen. Aber auch bei Blinden, die diese Fähigkeit nicht haben, ist die Rede von Licht und anderen visuellen Eindrücken nicht überraschend. Die Blinden orientieren sich an den gängigen NTE-Darstellungen. Eine Besonderheit bei den Erzählungen von Blinden ist, dass die Eindrücke taktil bleiben. In Mindsight gibt Vicki Umipeg – befragt zu ihrer ersten Nahtoderfahrung, während derer sie Jesus getroffen hat - an, dass Jesus so nah bei ihr stand, dass sie seine Haare und seinen Bart spüren konnte. Die anderen visuellen Schilderungen bleiben seltsam vage.

Die zweite Erfahrung, die in zahlreichen Büchern und auf mindestens ebenso vielen Internetseiten vorgestellt wird, machte V.U. im Alter von 22 Jahren nach einem Autounfall. Das erste Interview führten Ring und Cooper durch als sie 41 war.

Wie „Maria" wurde Vicki Umipeg ebenfalls von Kimberly Clark entdeckt. Ihre zweite NTE hat sich in derselben Klinik ereignet wie der Maria Shoe Case. Im Harbor View Medical Centre sind erstaunliche Sichtungen möglich.

Sensationsheischende Darstellungen dominieren auch im Blindsicht-Sektor: Van Lommel stellt den Fall der V.U. in seinem Buch vor und schreckt nicht davor zurück, ganz beiläufig ungeheures zu behaupten. Nach dem Autounfall, bei dem sie eine schwere Gehirnerschütterung und mehrere Brüche davongetragen hatte, sei es ihr gelungen, das Auto von oben zu identifizieren.

„Obwohl sie blind war, »erkannte« sie, dass es sich um einen VW-Bus handelte". (S.60 in [27]) Das ist verdreht und manipulativ dargestellt. Ein Blinder, der plötzlich die Sehfähigkeit erlangte und zum ersten Mal in seinem Leben Fahrzeuge visuell wahrnähme, könnte natürlich keine Marke identifizieren. V. U. war von einem Pärchen von einem Nachtklub, wo sie als Sängerin arbeitete, mitgenommen worden und wusste, dass sie in einem VW-Bus saß. In ihrem Originalbericht schildert sie, dass Sie nach dem Unfall kurz nach oben geschwebt sei und die Szene von oben gesehen habe, ohne irgendetwas genau zu erkennen. Danach setzt ihre Erinnerung erst wieder im Krankenhaus ein. Van Lommel gibt hier wohl eine nachträgliche Ausschmückung der Geschichte wider.
Der Fortgang der Geschichte:
„Zunächst kann ich mich daran erinnern, dass ich im Harbour View Medical Centre war und auf alles hinabschaute. Es war beängstigend, denn ich war nicht gewohnt, etwas visuell wahrzunehmen, das war mir vorher noch nie passiert!" (S.60 in [27])

(Diese Angabe ist erstaunlich, hatte sie doch nach eigenen Angaben früher schon mal eine NTE, während derer sie sehen konnte, gehabt. So einen Vorfall vergisst man nicht.)

Sie „sah" das Krankenhauspersonal an ihrem Körper arbeiten. Sie bewegte sich durch die Decke, und bewegte sich in ein Gebiet, in dem Bäume Vögel und Menschen, die wie Lichtgebilde wirkten, befanden.

Die visuellen Schilderungen bleiben auch in ihrer zweiten NTE seltsam vage. Auch kann sie Farben nicht unterscheiden. Auch bei anderen Blinden, die NTE hatten, tritt dieses Problem auf. In „Mindsight" erklärt ein von Geburt an Blinder, dass er nicht weiß, ob sein Sehen während der NTE dem Sehen mit physischen Augen entspricht, und gibt an, sein Sehen sei „als könne ich mit den Fingern meines Geistes fühlen." (Siehe: [45])

Die Erlebnisse der Blinden liegen Jahre bis Jahrzehnte zurück. Nicht unwahrscheinlich ist es, dass sie sich im Zeitraum zwischen NTE und Interview mit Nahtoderfahrungen beschäftigt haben. Aber auch dann, wenn sie nicht aktiv geworden sein sollten, wurden sie - wie jeder Mensch im westlichen Kulturkreis - sicher nicht verschont von der exzessiven Berichterstattung über NTE. Was sie mit den NTE-Schilderungen in den einschlägigen Klassikern vertraut gemacht hat. So ist es nicht erstaunlich, dass die Blinden ihre NTE wie Sehende darstellen. Die visuellen Eindrücke können nicht verifiziert werden. Es gibt keinen einzigen Nachweis, dass ein Blinder bei einer Außerkörperlichkeitserfahrung oder bei einer NTE wirklich gesehen hat. Die NTE von Blinden liefern keinen Beweis eines supernaturalistischen Charakters der NTE.

Geheime Zeichen

Wenn Patienten ihren Leib wirklich verlassen könnten, dann wäre das beweisbar: Versuche mit geheimen Zeichen unter der Decke, die nur aus einer erhöhten Position sichtbar sind, wurden schon öfters durchgeführt.

Mitte der achtziger Jahre machte Janice Minor Holden den ersten derartigen Versuch im Lutheran General Hospital in Park City. 1994 folgte Madelaine Lawrence, die diesen Test im Hartfort Hospital in Conneticut durchführte. Sam Parnia führte das Experiment von August 1997 bis August 1998 in Southampton durch. Penny Sartory von Januar 1998 bis Januar 2003 im Morriston Hospital in Swansea.

Bruce Greyson, Janice Minor Holden und J. Paul Monsey waren von Januar 2004 bis Juli 2006 an der Univerity of Virginia Health System

Electrophysiology Clinic aktiv. Van Lommel brachte während seiner Studie in einer Arnheimer Klinik die Zeichen an. Im Zuge der Aware-Studie wurden in diversen Krankenhäusern Zeichen angebracht.

Alle diese Versuche mit geheimen Zeichen unter der Decke blieben ohne positives Ergebnis. Nicht ein einziger Patient konnte diese Zeichen erkennen.

Ernüchterung ist eingekehrt. Was man auch an Pim van Lommel sieht: In einem Stern-Interview (2009) schildert er den negativen Ausgang seines Experiments. Geheime Zeichen waren auf den OP-Lampen angebracht worden. (Grüner Kreis oder rotes Kreuz) „Doch leider hatte ausgerechnet in diesem OP-Saal kein einziger der wiederbelebten Patienten ein solches Erlebnis." Auf die Frage, ob es nicht sinnvoll wäre, das Experiment zu wiederholen, antwortet van Lommel: „Da bin ich sehr zurückhaltend. Eine Nahtoderfahrung ist ein äußerst intensives, emotionales Erlebnis. Ich fürchte, dass die Patienten das Zeichen einfach übersehen würden, weil sie so ergriffen wären von dem, was sie fühlen, beobachten und hören." (In [85]) Der Frust sitzt anscheinend tief. Und auch der Zweifel, ob man mit den eigenen Meinungen richtig liegt. So hält man sich an bekannte Immunisierungsstrategien um seinen Glauben aufrecht zu erhalten. Man erklärt, warum die Versuche ohnehin nicht zum Erfolg führen und greift im weiteren Verlauf des Interviews mit erstaunlicher Chuzpe die Wissenschaftsgemeinde an, die einem ohnehin keinen Glauben schenken würde.

Der Unglaube einzelner Wissenschaftler sollte jemanden, der Revolutionäres leisten will, nicht hindern. Der erste Beweis für eine außerkörperliche Existenz könnte angezweifelt werden, aber wenn weitere aufgetischt würden, dann würde sich die Erkenntnis durchsetzen. Der, der den ersten Beweis lieferte, könnte ein Einstein der Thanatologie werden.

Und schließlich ist das nicht nur eine Angelegenheit, die in akademischen Zirkeln verhandelt wird, sondern eine Angelegenheit, die von fundamentaler Bedeutung ist. Wenn man nach Moody und vielen anderen geht, dann würde der Beweis, dass eine jenseitige Welt existiert, Frieden und Eintracht unter den Menschen zur Folge haben. (Vgl. S.110 in [36]) Man könnte also auch der Ghandi der Thanatologie werden und die Menschheit in ein Zeitalter des Friedens führen.

Es ist nicht zu erwarten, dass diese Versuche mit nur von oben sichtbaren Zeichen, Bildern oder Zeitungsausschnitten zu Erfolgen führen werden, wenn man hohe Standards einhält. Und dazu gehört eine klare Identifikation des Bildes oder Zeichens.

Man ist offenbar schon einmal knapp an einer „Sensation" vorbeigeschrammt. Ein Patient hatte 2009 während einer Todesnäheerfahrung im St. Peter´s Hospital, ein grünes Licht gesehen. Die Mitarbeiter in diesem Krankenhaus schauten daraufhin nach, welches Bild auf dem Brett über dem Bett des Patienten lag. Es war im Wesentlichen die Titelseite einer englischen Zeitung: Am unteren Ende der Seite waren Ärzte mit grünen OP-Mützen auf dem Kopf, die um eine Operationsleuchte herumstanden, zu sehen. Das Team war sehr aufgeregt, weil sie dachten, dass dies dem grünen Licht entspräche, das der Patient gesehen hatte. Der betreffende Patient gab allerdings bei einer Befragung an, dass er sich nicht daran erinnern könnte, seinen Körper verlassen zu haben. (S.291 in [40])

Wenn der Patient angegeben hätte eine Außerkörperlichkeitserfahrung gemacht zu haben, dann wären die Zeitungen voll mit „Der endgültige Beweis" und dergleichen.

Ob es so gut ist, Zeitungsseiten zu verwenden? Denn da steht viel drauf und es sind mitunter mehrere Bilder darauf. Besser ist es eindeutige Bilder zu verwenden, wie Symbole, oder Bilder von Elefanten o.ä. Damit entstehen keine Unklarheiten.

Beweispflichten

Wer keine Beweise hat, aber an einer Sache hängt, geht in die Gegenoffensive und versucht sich an der Konstruktion einer Pattsituation durch Beweislastumkehr. „Die Skeptiker mögen doch erst mal beweisen, dass es kein Heraustreten aus dem Körper gibt", hört man des Öfteren aus Nahtodkreisen. Das ist nicht möglich. Niemand kann beweisen, dass es keine abspaltbaren Seelen gibt. Niemand kann beweisen, dass es keine Feen, unsichtbare Einhörner, und Ähnliches, gibt. Muss man auch nicht. Was nicht falsifizierbar ist, muss verifiziert werden, um als seriös zu gelten. Das gilt für Außerkörperlichkeitserfahrungen wie für Lichtnahrungsmenschen. Auch in letzterem Fall können die Behauptungen nicht falsifiziert werden. Millionen Menschen sind elendig verhungert. Ein Beweis ist das nicht. Es könnte eine Besonderheit sein, die die Lichternährer auszeichnet.

Wer will, dass seine Thesen ernst genommen werden, muss den Beweis antreten. Wer behauptet er könne längere Zeit ohne Nahrungsaufnahme leben, muss nachweisen, dass er dies kann. Wer behauptet er könne ohne Augen sehen, muss dies belegen. Wer behauptet, man könne ohne Gehirn erleben, der muss einen Fall präsentieren, in dem ebendies zweifelsfrei geschehen ist.

All dies ist bisher nicht geschehen. Das, was als Beleg präsentiert wird, ist ein allzu dünnes Süppchen. Hier fällt wieder die Diskrepanz zwischen Anspruch und vorgelegter Leistung: Ein ganzes Weltbild soll über den Haufen geworfen werden: Und das durch Berichte, die mehr Fragen aufwerfen als Antworten. Anekdoten stellen keinen befriedigenden Beweis dar. Dazu sind Zeugenaussagen zu unzuverlässig. Das Gedächtnis ist trügerisch und die Befrager häufig suggestiv.

Wie schon gesagt: Jeder, der seinen Geist vom Körper trennen könnte, könnte den „Materialismus" zu Fall bringen. Für einen Nachweis dieses Vermögens wären keine teuren Gerätschaften oder aufwendigen Prozeduren vonnöten. Nur seriöse Zeugen. Es gibt Leute, die behaupten, ihr Geist streife auf dem Mars oder in den Tiefen des Weltalls umher. Aber ins Nebenzimmer, in dem 3 Gegenstände auf dem Tisch stehen, hat es augenscheinlich noch keiner geschafft.

Die Tür steht offen. Wer unglaubliche Phänomene beweist, der hat viel um das Verständnis der Welt beigetragen. Aber ein Beweis muss geliefert werden. Wer unerklärliche Phänomene nur behauptet und Sachverhalte manipulierend darstellt, der betreibt Pseudowissenschaft.

Ein Naturalist kann selbstverständlich nicht nachweisen, dass es keine Seele gibt. Der Seelentheorie fehlt die Falsifizierbarkeit. Ein Naturalist kann nachweisen, dass die vorgelegten und dokumentierten Fälle nicht im Widerspruch zum „naturalistischen Paradigma" stehen. Nahtodfälle wirken übernatürlich, weil sie von interessierten Kreisen inkorrekt dargestellt werden. Der Fall Pamela Reynolds ist so einer. Sabom stellt diesen Fall in Life&Death [51] vor.

Der Fall Pamela Reynolds

Pamela Reynolds musste sich wegen eines großen Aneurysmas in einer Hirnschlagader in der Nähe des Hirnstamms einer aufwendigen Operation unterziehen. Die Operation fand im August 1991 statt, das Interview mit Sabom, der den Fall bekannt machte, am 11 November 1994. Im Laufe der Operation wurde ihr Blut mittels einer Herz-Lungen-Maschine abgekühlt, das Herz angehalten und ihr Gehirn mittels Aufrechtstellen des Körpers blutleer gemacht. Während der OP hatte sie eine Außerkörperlichkeitserfahrung und eine NTE.

Die Operation dauerte mehrere Stunden. Die Phase, in der ihr Gehirn blutleer war, dauerte nur einige Minuten. Diese Phase ist bedeutend: Wenn jemand belegen könnte, dass P.R. während dieser Zeit etwas erlebte, dann wäre der Naturalismus widerlegt. Geistestätigkeit in diesem Zustand wäre nur supernaturalistisch zu erklären.

Ihre Außerkörperlichkeitserfahrung begann zwei Stunden bevor ihr Blut abgekühlt wurde. Pamela Reynolds stand unter Narkose. Sie hatte normale Körpertemperatur und normalen Herzschlag, als ihre Erfahrung begann. Selbstverständlich hatte sie zu dieser Zeit kein Nulllinien-EEG. Sie erwachte, als sie die Säge hörte. Sie befand sich ihren Angaben zufolge auf der Schulterhöhe des Chirurgen, wobei sie ihr Sehen als „klarer, gezielter und schärfer" als üblich beschrieb.

Wenn sie wirklich etwas gesehen hätte, wäre das nur schwer erklärbar, denn ihre Augen waren während der Operation zugeklebt. Aber hat sie wirklich etwas gesehen? Sie macht allgemeine Angaben über Geräte und viele Menschen, die sich im Operationssaal aufhielten. Sie wurde in den OP gebracht, als sie wach war. Das bedeutet, dass sie schon einen Eindruck vom OP-Saal gewonnen hatte, bevor ihre Operation begann. Und dass bei einem derart komplizierten Eingriff viel Krankenhauspersonal zugegen sein würde, war ihr auch bekannt.

Konkrete Beschreibungen liefert sie vom Aussehen der Knochensäge, die bei der Operation benutzt wurde. Die Säge sah ihren Angaben zufolge aus wie der Griff ihrer elektrischen Zahnbürste. Die verwendete Säge erinnert wirklich an eine Zahnbürste. Diese Säge war vor der Operation abgedeckt. Somit konnte P.R. das Aussehen der Säge nicht in Erfahrung gebracht haben, als sie in den OP gebracht wurde. Aber sie könnte über die Säge aus anderen Quellen aufgeklärt worden sein:

Das Aussehen des Gerätes könnte ihr jemand erklärt haben, mit dem sie vor der Operation sprach. Es ist nicht unwahrscheinlich, dass im Beratungsgespräch, bei dem P.R. über Prozedere und Risiken des Eingriffs aufgeklärt wurde, das Aussehen des Gerätes erwähnt wurde.

Aber auch dann, wenn sie keinerlei Vorkenntnis hatte, ist ihre Assoziation nicht unerklärlich: Die Säge hört sich so ähnlich an wie ein Zahnarztbohrer, und, dass sie dann einen Bohrer mit einem Griff, der aussieht wie ihre elektrische Zahnbürste, assoziiert, ist nichts, was magische Einflussnahme vonnöten macht. Ihre Beschreibung der Säge war nicht korrekt. Sie gibt an, dass sich auf der Seite, die in den Griff führt, eine Rille befand. Was nicht der Fall ist.

Das ist ein deutlicher Hinweis darauf, dass sie nicht gesehen hat. Wie auch ihre Unsicherheit in Bezug auf die Stimmen, die sie während ihrer Wachphase hörte.

„I believe it was a female voice and that it was Dr. Murray, but I´m not sure." (S.42 in [51])

Sie glaubt es war eine weibliche Stimme, nämlich die von Dr. Murray, aber sie ist sich nicht sicher. Sie hat nur gehört. Und Hören konnte sie, obwohl ihre Ohren verstöpselt waren und sie mit Klickgeräuschen beschallt wurde. (Siehe: Woerlee in [87])

Bis hierher ist es ein Fall von Narkosewachheit. Wachnarkosen kommen häufiger vor: 0,1 bis 0,2% der erwachsenen Patienten, die einer Vollnarkose unterzogen werden, haben Erinnerungen an die Zeit während der Narkose. Das bedeutet, dass dieser Sachverhalt jährlich allein in Deutschland für 8000-16000 Personen zutrifft. (Vergleiche: [63])

Danach schildert P.R. eine NTE ohne verifizierbare Wahrnehmungen, was eine zeitliche Einordnung unmöglich macht. Während der Erfahrung bewegt sie sich auf ein Licht zu. In diesem Licht waren verschiedene verstorbene Verwandte, wie ihre Großmutter und ein Onkel. Die NTE-Phase dauerte wohl nicht lange.

„Ich hatte einen Überblick, eine allgemeine Vorstellung von allem, aber ich sah keine Details, dafür ging es zu schnell." (S.210f in [27])

Die NTE fand wohl in der Aufwärmphase statt, weil das Ende der NTE mit einer Defibrillation zusammenfiel. Der Onkel schubste sie zurück. Sie „sah" ihren Körper in die Höhe schnellen, als sie defibrilliert wurde, weil ihr Herz unregelmäßig schlug. Gleichzeitig hörte sie das Lied „Hotel California" von den Eagles, das im OP gespielt wurde. Zu diesem Zeitpunkt war ihr Körper schon wieder so weit erwärmt, dass Bewusstsein möglich war.

Festzustellen ist: Erst als sie in der Aufwärm-Phase war, machte sie wieder verifizierbare Wahrnehmungen. Nur wenn es richtig wäre, dass ihre NTE zu der Zeit stattfand, als ihr Gehirn blutleer war, wäre der Fall geeignet zu zeigen, dass der Geist nicht auf ein funktionierendes Gehirn angewiesen ist. Aber es gibt keine Hinweise darauf, dass P. R. zu dieser Zeit etwas erlebte. Was die Nahtodgläubigen nicht davon abhält Sachen wie: "Ihre weitere NTE, in der sie ein sehr klares Bewusstsein hatte, verstorbenen Angehörigen begegnete, mit denen sie kommunizierte, und dem Licht begegnete, fand zu einer Zeit statt, in der ihr abgekühltes und blutleeres Gehirn überhaupt nicht mehr funktionieren konnte." (S.213 in [27]) Belege dafür bleibt van Lommel natürlich schuldig.

Er knüpft damit an die Desinformationspolitik von Sabom an, der sich in einem Interview für den Film „Jenseitsreisen" über den Fall so äußerte: „Denn die Gehirnwellen waren flach und der Hirnstamm war inaktiv genau in der Zeit, in der das Todesnähe-Erlebnis ablief." (S.124 in [13])

Man hat einen Fall und stellt den so unklar und verfälschend dar, dass die Öffentlichkeit den Eindruck gewinnt, der Nachweis, dass der Mensch auch ohne Gehirntätigkeit bei Bewusstsein sein könne, sei erbracht. Diese Forscher betreiben gezielt Desinformation. Sie sind weit davon entfernt, das zu beweisen.

Operationen wie diese finden häufiger statt. Bis heute gibt es keinen einzigen Fall, in dem belegt werden konnte, dass ein Patient etwas erlebte, während sein Gehirn blutleer war, oder während seine Körpertemperatur unter 20 Grad Celsius lag.

Atypisch sind die Erlebnisse von P.R. nach der Operation. Während sie und ihre Familie über ihre Erlebnisse während der Operation scherzen und lachen, nimmt das Klinikpersonal diese sehr ernst und erklärt der Patientin, dass das was sie während der Op gehört hat, keine Einbildung, sondern Realität sei. (Siehe: Woerlee in [86])

In der NTE-Literatur kommt nur der umgekehrte Fall vor, das heißt, der Patient nimmt die Erlebnisse ernst und das Klinikpersonal reagiert entweder desinteressiert oder ungläubig. Daraus ersieht man zweierlei: Erstens stoßen Patienten beim Krankenhauspersonal nicht immer auf taube Ohren.

Zweitens: NTE-Erfahrende rätseln mitunter über die Natur ihres Erlebnisses. Die gängige NTE-Propaganda behauptet gerne, dass NTEler der Realität ihrer Erfahrung gewiss sind. Auch die Studie Hubert Knoblauchs stützt die Ansicht, dass dem nicht so ist. In ihr berichten NTEler, sie seien sich nicht sicher. Sie hielten es für Träume oder Halluzinationen. (S. 208 in [22])

It´s the brain, stupid!

Nahtoderfahrungen können während vieler Situationen gemacht werden. Auch ohne sich in direkter Lebensgefahr zu befinden: Zentrifugentraining bei Astronauten, Reizdeprivation, Meditation oder einfach ohne erkennbaren Grund (bei der Hausarbeit, bei Spaziergängen, ...). Man kann an einen Seelenfehler glauben. Was nicht beruhigend ist: Welches Vertrauen kann man in die nachtodliche Existenz haben, wenn sie schon mit einem Fehlstart beginnt? Welche Fehler sind denn sonst noch im Leben nach dem Tod?

Besonderes Gewicht wird den NTE, die während eines Kreislaufstillstandes gemacht werden, beigemessen. Das Gehirn sei inaktiv, abgeschaltet, es liege ein Nulllinien-EEG vor, wird argumentiert. Wenn dies zuträfe, dann wäre es erstaunlich, dass nicht alle Menschen eine NTE erleben, wenn ihr Gehirn abschaltet. Man könnte den Schluss ziehen, dass nicht alle Menschen eine Seele haben. Diese Folgerung will aber keiner treffen.

Deshalb müsste man argumentieren, dass jeder Mensch, der einen Kreislaufstillstand erleidet, derartige Erlebnisse hat, aber die meisten sich nicht erinnern können. (Das machen auch einige Thanatologen; siehe: Doppelte Standards) Zudem müsste man Schilderungen von Patienten, die Erlebnisse hatten, die sich nicht in eine NTE einfügen lassen, irgendwie wegerklären.

Dass diese Dinge bei einigen Patienten erinnert werden, muss etwas mit der neuronalen Aktivität in deren Gehirnen zu tun haben, denn wenn die Erinnerung in so einer „Seele" läge, müsste sie jeder haben. Damit müsste man zugeben, dass das Gehirn eben nicht abgeschaltet war. Damit bricht dann aber die Behauptung, dass die Gehirne lahmgelegt waren, zusammen.

Außerdem gibt es Menschen, die in relativ kurzer Zeit eine „Himmel"- und eine „Höllen" -Erfahrung machten. Dass in diesem Zeitraum vom Patienten eine Todsünde begangen wurde, oder gegenteilig eine Sühneleistung erbracht wurde, die sein postmortales Schicksal derart drastisch veränderte, ist eher unwahrscheinlich. Moody berichtet von einem Mann, der in der zweiten von drei Nahtoderfahrungen „aus Versehen" in der Hölle landete. (S.39 in [36])

Manchmal treten „Himmel" und „Hölle" auch innerhalb einer NTE auf. Es gibt neben Erfahrungen, die von schrecklich zu schön wechseln auch solche, die den umgekehrten Verlauf nehmen und von schön zu schrecklich wechseln. Das macht die Vermutung, dass diese Erfahrungen vom Gehirn generiert werden, und nicht etwa ein reales Eintauchen in die postmortale Welt darstellen, plausibel.

(Das beweist nicht, dass es kein Leben nach dem Tod geben kann, denn wenn ein Gott existierte, könnte er, wenn er allmächtig wäre, die Toten wieder auferwecken und mit neuen, gesunden Leibern oder auch Seelenkörpern versehen. Logisch gesehen bleibt ein Leben nach dem Tod möglich, auch wenn alle Erfahrungen auf neuronalem Geschehen beruhen.)

Herzensangelegenheiten

Dass sich in den Reihen der Thanatologen so viele Kardiologen sich nicht nur um das Herz, sondern auch um die Herzenssache nachtodliches Geschick des Menschen kümmern, hat praktische Gründe. Sie kommen mit Patienten in Berührung, die einen Kreislaufstillstand erlitten haben. Und können die Überlebenden, die auskunftsfähig und auskunftswillig sind, befragen. Patienten, bei denen das Herz keine Pumpfunktion mehr übernehmen kann, sind in größerer Todesnähe als Menschen, die bei einem Unfall zur Auffassung gelangen, sie würden gleich sterben.

Ein anderer Grund ist, dass sich der Mythos hält, dass die Erfahrungen gemacht werden, während im Gehirn keine neuronale Aktivität vor sich geht. Moody und Kübler-Ross waren die Eltern des Mythos. Moody versteigt sich zur Behauptung: „Aber es gibt viele Fälle, in denen Patienten mit Nulllinien-EEG Todesnähe-Erlebnisse gehabt haben. Sie haben sie selbstverständlich überlebt, sonst hätten sie ja nicht darüber berichten können. Allein schon die Zahl dieser Fälle verrät mir, daß manche Menschen Todesnähe-Erlebnisse hatten, als sie klinisch tot waren. Hätte es sich um Halluzinationen gehandelt, hätte man sie auf dem EEG sehen müssen." (S.183 in [36])

Das ist eine seltsam verdrehte Darstellung. Dazu hätte erst einmal ein Elektroenzephalograf, der eine Nulllinie zeigt, angeschlossen sein müssen. Und man hätte die Nahtoderfahrung zeitlich einordnen können müssen.

Es gab zu der Zeit als Moody dies niederschrieb, keinen einzigen Fall, in dem dokumentiert wurde, dass ein Patient während eines Nulllinien-EEG etwas erlebt hat. Es gibt auch heute noch keinen einzigen Fall, in dem dokumentiert wurde, dass ein Patient während eines Nulllinien-EEG etwas erlebt hat. Niemand schließt Patienten während der Wiederbelebung an ein EEG an.

Seine Behauptung, dass es Fälle gibt, in denen nachgewiesenermaßen Patienten während ihres Nulllinienzustands, Erfahrungen gemacht haben, ist also falsch und manipulativ. Genau diese Irreführung der Öffentlichkeit wird weiter betrieben. Parnia und van Lommel und andere befeuern heute in ihren

Büchern den Mythos der Nulllinien-EEG-NTE. Das ist ein Bluff. Man wiederholt diese Aussage so oft, dass sie für Wahrheit gehalten wird.

Von Massenmedien wird der Mythos dankbar aufgegriffen. Spiegel-Online berichtet:

„Das Herz steht still, die Geräte zeigen keine Hirnaktivität an, ein Arzt lädt die Kontakte des Defibrillators auf und setzt an. »In der nächsten Sekunde war ich dort oben, sah auf mich herunter, auf die Krankenschwester und den Mann mit der Glatze«, berichtet ein 57-jähriger Patient." (In [81])

Dem Leser wird suggeriert, dass Maschinen im Einsatz gewesen wären, die geeignet sind, die neuronale Tätigkeit festzustellen. Aber solche Geräte waren nicht im Einsatz. Weder war der Patient an einen Elektroenzephalografen (EEG) angeschlossen, noch waren Computertomografen (CT) oder Positronenemissionstomografen (PET) im Einsatz.

Es ist richtig, dass das EEG zehn bis zwanzig, spätestens nach dreißig Sekunden, nachdem das Herz die Pumpfunktion eingestellt hat, eine Nulllinie zeigt. Es sei denn, es werden sofort Gegenmaßnahmen eingeleitet: Entweder es wird mit der Herzmassage sehr früh begonnen, oder aber der Patient wird selbst aktiv: Bei Herzkathederuntersuchungen gibt es das Phänomen der „Hustenreanimation". Nach ärztlicher Einweisung können Patienten, die während ihrer Untersuchung Herzkammerflimmern erleiden, durch kräftiges, hochfrequentes Husten ihr Bewusstsein einige Minuten erhalten. (S.190 in Ziegenfuß [61]) Diese Variante funktioniert leider nur, wenn der Patient frühzeitig aufgefordert wird zu husten und auch in der Lage ist kräftige Hustenstöße hervorzubringen.

Wenn nicht unverzüglich Gegenmaßnahmen ergriffen werden, dann wird das EEG erst einmal eine Nulllinie zeigen. Allerdings verbringen die Ärzte ihre Zeit angesichts eines Patienten mit Kreislaufstillstand, nicht mit Däumchendrehen, sondern machen sich an eine kardiopulmonale Wiederbelebung. Das heißt: In die Lungen wird Sauerstoff gepumpt, und es wird eine äußere Herzdruckmassage durchgeführt.

Herzdruckmassage erzeugt einen Blutdruck und pumpt somit Sauerstoff ins Hirn. Dabei können ein mittlerer arterieller Druck von 30 bis 50 mmHg und ein zerebraler Blutfluss von 30-60% erreicht werden. (Welche Werte erreicht werden, hängt von den Fähigkeiten und Kraft desjenigen ab, der die Herzdruckmassage durchführt; außerdem von Medikamenten, die verabreicht werden und vom Alter des Patienten.)

Genau deswegen ist es möglich, dass eine Reanimation nach einer Stunde oder auch länger noch zum Erfolg führt. Bei diesen Werten ist nicht ohne Weiteres davon auszugehen, dass ein EEG, falls eines angeschlossen wäre, eine Nulllinie zeigte. Vielmehr ist davon auszugehen, dass die Durchblutung bei einigen Patienten so gut ist, dass im Hirnmantel wieder elektrische Aktivität messbar wäre, denn Bewusstsein ist bei einem mittleren Blutdruck um die 40mmHg und einem Herzausstoß um die 2l/min möglich. Gerald Woerlee hat errechnet, dass bei ungefähr 15% Prozent der Patienten, die einer Herzdruckmassage unterzogen werden, beide Werte in diesem Bereich liegen. (siehe [89])

Das heißt: Wer behauptet, dass ein Nulllinien-EEG vorlag, müsste dies durch Messungen unter Beweis stellen. Eine einfache Behauptung reicht auf keinen Fall. Der Mangel an Beweisen geht mit einer drastischen verbalen Offensive einher: Man spricht davon, dass NTE gemacht werden, während das Gehirn „keine Aktivität mehr zeigt". Dieser Nachweis wäre um einiges schwerer zu führen als die Nulllinienbehauptung. Denn um zu belegen, dass ein Gehirn vollständig abgeschaltet ist, reicht eine EEG-Messung nicht aus, weil der Elektroenzephalograf nur die Vorgänge im äußeren Hirnmantel misst. In tieferen Schichten des Gehirns kann Aktivität vorhanden sein, die von der EEG-Messung nicht erfasst wird. Die Behauptung, dass das Gehirn komplett abgeschaltet sei, ist also komplett unwissenschaftlich.

Auch Eben Alexander wiederholt gebetsmühlenartig, seine Großhirnrinde sei während seiner Koma-Visionen total abgeschaltet gewesen. Selbstverständlich bleibt auch er einen Beweis schuldig.

Prospektive Studien

Vorteilhaft bei prospektiven Studien ist, dass die Patienten zeitnah befragt werden, und, da alle Patienten, die in einem bestimmten Zeitraum in einer Klinik einen Cardiac Arrest (CA) erlitten und befragungsfähig sind, befragt werden, gibt diese Methode auch Aufschluss über die Häufigkeit von NTE während CA.

(Cardiac arrest ist eine Sammelbezeichnung für Zustände, in denen das Herz keine Pumpfunktion mehr ausüben kann. Das ist bei z. B. Herzstillstand und Herzkammerflimmern der Fall. In der deutschen Übersetzung wird „cardiac arrest" öfters mit Herzstillstand übersetzt. Was nicht richtig ist. Herzstillstand ist nur eine Form des „cardiac arrest". Kreislaufstillstand ist daher der angemessenere Begriff.) Ein weiterer Vorteil dieser Methode ist, dass sie Versuche erlaubt, die das Heraustreten aus dem Leib testen. (Siehe: Geheime Zeichen)

Die prospektiven Studien tragen – von den Machern unbeabsichtigt - zur Entmystifizierung der NTE bei. In Sachen Überlebenshypothese ist Ernüchterung eingekehrt. Das Verlassen des Leibes kommt so gut wie gar nicht vor, wenn Bildbretter angebracht sind. Und wenn doch, werden die Bilder nicht gesehen. Das Heraustreten aus dem Leib entzieht sich hartnäckig einer Verifikation.

Auch sind Menschen, die Elemente einer NTE schildern, nicht gerade zahlreich. Das ist nicht ganz zufriedenstellend für die Macher; darum bedienen sich sowohl van Lommel als auch Parnia eines Einzelfalles um ihre Studien in ein – im NTE-Sinne - günstiges Licht zu stellen.

In der van Lommel-Studie ist es der Mann mit der Zahnprothese, der die Studie aufpeppen sollte. Eingeleitet mit den Worten: „Wir haben den Bericht persönlich überprüft und ich habe bewusst den Pfleger und nicht den Patienten um eine möglichst objektive Schilderung gebeten." (S.56 in [27]) stellt van Lommel den Fall auch in seinem Buch "Endloses Bewusstsein" vor.

Schon diese Einleitung wirkt seltsam. Wie wurde dieser Bericht geprüft? Und warum wird „bewusst" nur der Pfleger um eine Stellungsnahme gebeten bei einem Fall, der eine immense Bedeutung haben soll? Es sollte, in einem Fall, aus dem man die Schlussfolgerung zieht, dass das Bewusstsein auch in tiefem Koma während eines Kreislaufstillstandes stattfinden kann, ein Anliegen sein, möglichst viele Informationen zu liefern.

In welchem zeitlichen Abstand berichtete der Pfleger über diesen Vorfall? Das ist nicht unwichtig, denn Berichte verändern sich im Laufe der Zeit. Was man auch daran sehen kann, dass van Lommel diesen Fall variierend erzählt. Mal berichtet er getreu der Originalgeschichte von einem Pfleger, der dem Patienten die Zahnprothese entfernt habe, mal soll ein Arzt dem Patienten das Gebiss aus dem Mund genommen und dann einer Krankenschwester überreicht haben. Der Patient habe dann sowohl Arzt als auch Schwester erkannt. (Siehe: S.5f in [66])

Im Sam Parnia Buch wird gar behauptet, van Lommel hätte den Patienten selbst befragt: „Der Mann erzählte van Lommel: »Ich schwebte unter der Decke« [...]" (S.175 in [40])

Das stimmt sicher nicht. Als van Lommel von diesem Fall hörte, war der Patient nach Angaben des Pflegers nicht mehr am Leben. Mit Fakten wird sehr locker umgegangen in Nahtodkreisen.

Es gibt weder Krankenakten, noch Interviews mit dem Patienten. Man weiß nicht einmal etwas anderes über den Patienten, als der Pfleger schilderte, weil im Zuge von Nachforschungen die Suche nach dem Patienten ergebnislos verlief. Der Pfleger hat den Namen des Patienten vermutlich falsch in

Erinnerung behalten. Man hätte versuchen können, die Personen zu finden, die in die medizinische Versorgung des Patienten involviert waren, d.h. die Sanitäter, die zwei Schwestern und den Arzt, die nach Angaben des Pflegers bei der Reanimation zugegen waren. Aber über derartige Versuche ist nichts bekannt.

Die einzige Quelle ist also die Erinnerung eines Pflegers, der weit zurückliegende Ereignisse schildert. Denn der Fall stammt aus dem Jahr 1979. (Wahrscheinlich. Im ersten Interview, das der Pfleger gab, ist vom Jahr 1978 die Rede. Im zweiten Interview gibt er an, dass sich der Fall wahrscheinlich im Jahr 1979 zugetragen habe.)

Van Lommel greift also auf einen Fall, der Jahrzehnte zurückliegt, zurück, um seine prospektive Studie etwas aufzupeppen. (Van Lommel kennt natürlich die Problematik derartiger Fälle und gibt sich deshalb in seiner Einleitung so zugeknöpft.)

Zum ersten Mal tauchte der Fall im Jahr 1991 auf. Ein Mittelsmann berichtete damals die Ereignisse. Der Pfleger selbst hat über den Fall 1994 und 2008 berichtet.

Der Patient traf nach Angaben des Pflegers in cyanotischem, komatösem Zustand in der Klinik ein. Er wurde mit Maske und Beutel beatmet, erhielt Herzmassage und wurde defibrilliert. Als der Pfleger den Patienten intubieren wollte, bemerkte er, dass der Patient noch eine Zahnprothese trug. Der Pfleger entfernte diese und legte sie auf den Instrumentenwagen. Die Reanimationsmaßnahmen wurden fortgesetzt und nach einiger Zeit hatte der Patient wieder einen stabilen Herzrhythmus und Blutdruck. Er wurde noch künstlich beatmet auf die Intensivstation verlegt. Nach einer Woche sah der Pfleger den Patienten wieder, weil der auf die Herzstation verlegt worden war. Der Patient habe ihm darauf eröffnet, dass er wisse, wo sein Gebiss sei.

Der Pfleger beschreibt dann eine NTE des Patienten, die teilweise aus typischen Elementen besteht (Verlassen des Körpers; Beobachtung von oben) und teilweise atypische Züge aufweist: So ist sich der Patient bewusst, dass er noch lebt. In der klassischen Erzählung hält sich der Patient für tot. Auch hofft der Patient eindringlich, dass das Ärzteteam die Reanimation fortsetzt, auf dass er nicht stürbe. Die klassische Erzählung berichtet in ähnlichen Situationen eher, dass der Patient nicht zurückkehren will. Der zweite, ausführliche Bericht des Pflegers offenbart auch noch, dass das nur eine Seite der Geschichte ist: Der Patient hatte auch Schmerzen während der Reanimationsbemühungen und wollte, dass die Wiederbelebung gestoppt wird. (Siehe: [78])

Das Schmerzempfinden ist bedeutend: Wenn der Patient zu einem Zeitpunkt so bewusst war, dass er Schmerzen fühlte, dann weist das darauf hin, dass seine Gehirndurchblutung in einem nicht schlechten Zustand war. Somit könnte der Patient auch Sinneseindrücke verarbeitet haben.

Die wahrscheinlichste Erklärung für das Wiederkennen des Pflegers seitens des Patienten: Der Patient hat auf konventionelle Art (d. h. mit den Augen) gesehen, wer ihm die Zahnprothese entfernt hat, oder er hat den Pfleger an dessen Stimme wiedererkannt. In einem Interview sagt der Pfleger, er hätte eine sehr charakteristische Stimme und würde öfters von Leuten nur anhand seiner Stimme erkannt. Oder er hat ihn nicht wiedererkannt. Es könnte sein, dass er eine Schwester/Pfleger nach seiner Prothese gefragt hat und der/die dem Patienten daraufhin mitgeteilt hat, dass gleich jemand komme, der wisse, wo sich die Zahnprothese befindet. Kommunikative Missverständnisse könnten bei derartigen Fällen eine Rolle spielen.

Als Beweis ist dieser Fall nicht geeignet. Dafür sind die medizinischen Details zu unklar. Der Fall bleibt eine Anekdote eines Pflegers, der weit zurückliegende Ereignisse schildert.

Wie oft kommen Erlebnisse während eines Kreislaufstillstandes vor? In dieser Frage ist die AWARE-Studie ([74]) am aussagekräftigsten, weil in ihr nach allen Bewusstseinserfahrungen während der Wiederbelebung gesucht wurde, während sich die anderen Studien das Aufspüren von NTE zum Ziel gesetzt hatten.
Die Ergebnisse: 2060 Patienten erlitten während des Erhebungszeitraums einen Kreislaufstillstand. 330 Überlebten. 140 von diesen konnten befragt werden.

55 (39%) von diesen berichteten über Bewusstsein während des Kreislaufstillstands. Von diesen 55 berichteten 46 Personen über Erlebnisse, die keine NTE waren. Neun Personen berichteten Erlebnisse, die Elemente einer Nahtoderfahrung beinhalteten. Das heißt: 6,4% der Patienten, die befragt werden konnten, berichteten Elemente einer NTE.

Man kann daraus nicht den Schluss ziehen, dass ungefähr dieser Prozentsatz aller Patienten, Elemente einer Nahtoderfahrung erlebte. Eher ist davon auszugehen, dass die Personen, die während oder kurz nach den Wiederbelebungsmaßnahmen verstarben, und die Personen, die schwere Gehirnschäden erlitten, weniger Erlebnisse hatten, weil bei ihnen die Sauerstoffwerte im Gehirn ungünstiger waren. Aber wissen kann man dies nicht, weil keine Befragung stattfinden konnte.

Nur 2 Personen der Studie hatten eine Außerkörperlichkeitserfahrung mit verifizierbaren Wahrnehmungen. Das sind ernüchternde Zahlen für die Thanatologen.

Wie Parnia angesichts dieser Fakten zu seinem Resümee in dem Buch „Der Tod muss nicht das Ende sein", dass es sehr wahrscheinlich sei, „dass wir nach Einsetzen des Todes alle ähnliche Erlebnisse haben, unabhängig von Herkunft, Religion oder Kultur [...]" (S.349 in [40]) kommt, bleibt wohl sein Geheimnis. Ein Geheimnis des Glaubens, nicht des Wissens.

Ein Fall von Außerkörperlichkeitserfahrung betraf eine 51-jährige Frau, die auf einer Krankenhausstation, einen kurzzeitigen Kreislaufstillstand erlitt. (S.306f in [40]) Das ist ein Fall, der nicht gut ins Weltbild der Thanatologen passt. Die Frau hatte während des Erlebnisses Angst und wurde im Anschluss depressiv. Im allgemeinen wird verkündet, dass die Angst vor dem Tod verloren geht.

Der zweite Fall, der eines 57-jährigen Sozialarbeiters aus Southampton, ging durch die Medien. Diese Aufmerksamkeit wurde ihm zuteil, weil er als Hinweis dafür gewertet wurde, dass das Bewusstsein den Tod überleben könne.

„Auch wenn wir in seinem Zimmer keine Regalbretter mit Bilder angebracht hatten, unterstützt dieser Fall, ausgehend von der Tatsache, dass dieser Mann in der Lage war, sein Bewusstsein zu einer Zeit aufrecht zu erhalten, in der sein Gehirn gar nicht in einem funktionsfähigen Zustand sein konnte, die sich in der Wissenschaft abzeichnende Möglichkeit, dass das Bewusstsein, die Psyche oder Seele einer Person mit dem Eintreten des Todes nicht ausgelöscht wird. Er unterstützt auch die Ansicht einiger Wissenschaftler und Ärzte (wie Professor Sir John Eccles und Professor Bahram Elahi), dass das menschliche Bewusstsein (oder Seele) eine vom Gehirn getrennte und unabhängige Instanz sein könnte, die nach dem Tod möglicherweise weiterexistiert." (S.305 in [40])

In Parnias Buch findet sich die Befragung, die Parnia mit dem Patienten führte. Der Mann schildert, wie ihm an seiner Arbeitsstelle unwohl wurde, die Kollegen einen Krankenwagen riefen, die Sanitäter einen Herzinfarkt feststellten, und wie er zu einer Parkbox am Krankenhaus transportiert wurde und da von einer Krankenschwester namens Sarah, die ihm Fragen stellte, in Empfang genommen wurde. Übergangslos berichtet der Patient dann über die Erlebnisse im Herzkathederlabor, als ihm ein Stent gesetzt wurde. „Das Team hatte ein steriles Tuch über ihn gelegt, und er lag flach auf dem Rücken. Die Krankenschwestern hatten das Tuch auf Höhe seines Oberkörpers als eine

Art Trennwand hochgezogen, sodass die Ärzte und Schwestern in seiner Lendengegend arbeiten konnten, er aber nicht sah, was dort passierte." (S.295)

Im Buch wird behauptet, dass er den Arzt erst während seiner NTE wahrgenommen hat. „Und [bevor das passierte] wusste ich nicht, dass auf der anderen Seite von mir ein Mann war, [...]" (S.301)

„Er hatte den Arzt nicht ins Zimmer kommen sehen, und er lag einfach nur da." (S.295) An ersterem kann man Zweifel haben. Er wird den Arzt schon gesehen, ihn aber vielleicht nicht bewusst wahrgenommen haben. Es ist unüblich, dass sich Ärzte in ein Zimmer schleichen und sich dann nur so bewegen, dass der Patient sie nicht sieht. Und noch unüblicher ist es, dass Ärzte nicht sprechen, wenn sie im Raum sind. Denn zumindest an der Stimme hat der Patient erkennen können, dass auf der anderen Seite ein Mann war.

Während ihm im Herzkatheterlabor ein Stent gesetzt wurde, lag der Patient also da und unterhielt sich mit der Schwester Sarah, als er Herzkammerflimmern bekam.

„Sie waren weg?

Muss wohl. Ich wusste es zu der Zeit nicht, aber dann erinnere ich mich lebhaft, dass eine Automatenstimme sagte: »Schocken Sie den Patienten, schocken Sie den Patienten.«" (S.297)

(Der Patient hörte die Anweisungen eines automatischen externen Defibrillators. In dieser Klinik wurde so ein Gerät eingesetzt, mit dem auch medizinische Laien eine Defibrillation durchführen können; deshalb gibt das Gerät Anweisungen.)

Gleichzeitig sah er eine Person in einer Ecke des Raumes winken, und dachte sich, dass er da oben nicht hinkäme.

„In der nächsten Sekunde war ich dort oben und schaute herab auf mich, die Krankenschwester Sarah und ein anderer Mann, der eine Glatze hatte. [...]"

Der Patient gab an, dass er sich im Bett liegen sah, sein Gesicht aber nicht sehen konnte, „weil so etwas wie ein Vorhang davor war." (S.301) Er sagte, dass er aus seiner erhöhten Position, sowohl Sarah als auch der Mann mit der Glatze am Fußende des Bettes stehen sah und ihren Betätigungen zuschaute, wobei er aus seiner Perspektive die Rücken der beiden gesehen hat. „Das nächste woran ich mich erinnere, ist, dass ich in diesem Bett aufgewacht bin." (S.299)

Nichts in dem Interview deutet darauf hin, dass der Patient drei Minuten wach war. Seine Erinnerung setzt ein, als er die Automatenstimme hörte. Dem ging offenbar eine Phase der Bewusstlosigkeit voraus. Er nennt die Aufforderung zum Schock zwar doppelt, bezieht sich aber erkennbar nicht auf zwei Zeitpunkte, die drei Minuten auseinander liegen. Außerdem hätte er, wenn er wirklich drei Minuten wach gewesen wäre, noch andere Anweisungen hören müssen. Er erwähnt aber nicht, dass er sich an andere Aufforderungen des automatischen Defibrillators erinnert, obwohl solche Maschinen z. B. nach zwei Minuten auffordern den Patienten nicht zu berühren, damit die Maschine Messungen durchführen kann. Auch empfiehlt die Maschine eine Herzdruckmassage.

Warum also nennt der Patient doppelt? Es kann sein, dass der Arzt nicht sofort defibrillierte, was eine weitere Aufforderung der Maschinenstimme zur Folge hatte. Das würde gut zu den Wahrnehmungen des Patienten passen, der gesehen haben will, wie die Krankenschwester in der Endphase seiner NTE den Arzt fragend ansah.

„Was hat sie gemacht?
Ich weiß nicht, irgendetwas mit mir, aber ich weiß nicht genau, was sie da gemacht hat.
Hat sie die Arme bewegt?
Sie machte ein paar Dinge und versuchte ein paar ... ich erinnere mich, dass sie zu irgendeinem Zeitpunkt [zu dem Arzt] hinschaute, fast wie in Erwartung seiner Bewegungen, um festzustellen, ob er etwas machte oder nicht. Wissen Sie, was ich meine? So hat es sich angefühlt. In den nächsten paar Sekunden war ich wieder in meinem Bett, und sie sagte: »Sie sind ein bißchen eingenickt.«" (S.303) (Auslassungspunkte im original)
Es kann auch sein, dass der Automat alle Anweisungen doppelt gab.

Wie kann man sich die Erlebnisse des Patienten erklären? Die Person, die ihm zu Beginn seiner Erfahrung „zugewinkt" hat, könnte eine Krankenschwester gewesen sein. Als er das Herzkammerflimmern bekam, ist sicher Bewegung in das Krankenhauspersonal gekommen. Das Tuch auf Höhe des Oberkörpers wurde sicher entfernt, weil es bei den Reanimationsbemühungen im Weg gewesen wäre. So veränderte sich das Sichtfeld des Patienten. All dies mag in dem Patienten den Eindruck hervorgerufen haben, er hätte sich bewegt.

Wie dem auch sei, es sind Zweifel angebracht daran, dass der Patient wirklich drei Minuten wach war: Der Patient hat zu dieser Zeit nicht bemerkt, dass er einen „cardiac arrest" erlitten hat. „Ich merkte nur ein einziges Mal, dass mein Herz stehen geblieben war, und zwar etwa 20 Minuten später." (S.303)

Was sehr ungewöhnlich wäre, wenn er wirklich die gesamte Zeit wach gewesen wäre. Wahrscheinlicher ist es, dass der Patient kurz vor der zweiten Defibrillation das Bewusstsein wieder erlangte. Es ist also unwahrscheinlich, dass er während des gesamten Zeitraums wach war. Ausgeschlossen ist es, dass er wirklich aus erhöhter Position bei den Wiederbelebungsmaßnahmen zugeschaut hat. Dann hätte er so viel von dem Kampf der Ärzte gesehen, dass er Klarheit über seinen Kreislaufstillstand gehabt hätte, auch wenn er möglicherweise nicht alles gesehen hätte.

Nicht beeindruckend ist die Beschreibung der Glatzköpfigkeit eines der Ärzte. Er hat den betreffenden Arzt ja am nächsten Tag bei der Visite gesehen.

Was beweisen also die beiden Fälle der Aware-Studie (und der Mann mit der Zahnprothese)?

Sie beweisen, dass einige Patienten in der Lage sind, Geschehnisse aus der Zeit ihrer Reanimation wiederzugeben. Andere Fälle, die nicht Teil der Studie waren, stützen diesen Befund. In der Kölner Uniklinik bemühten sich Ärzte um das Leben einer 24-jährigen Patientin, deren Herz aufgrund einer Herzmuskelentzündung ausgesetzt hatte. Der Kampf dauerte ungefähr eine Stunde. Nachher gab die Patientin detailliert die Gespräche der Ärzte wieder und berichtete über ihre Unfähigkeit die Ärzte auf ihren Zustand aufmerksam zu machen. (Siehe Ulrichs/Böttiger/Padosch [84])

Shailesh Bihari und Venkatakrishna Rajajee berichten von einem Patienten, der während seiner Reanimation sogar so wach war, dass er an ihn gerichtete Aufforderungen befolgen konnte. (Siehe: [77])

Diese Fälle beweisen nicht, dass das Bewusstsein unabhängig vom Gehirn ist. Erklärbar ist diese Wachheit mit einer guten Gehirndurchblutung aufgrund der Herzdruckmassage. (Siehe Herzensangelegenheiten)

Zurück zur AWARE-Studie:

Die beiden Patienten mit verifizierbaren Wahrnehmungen erlitten den Kreislaufstillstand im Krankenhaus. Die Wiederbelebungsmaßnahmen setzten unverzüglich ein. Daher kann man vermuten: Je länger die Zeitspanne vom Aussetzen der Pumpfunktion des Herzens bis zum Einsetzen der Wiederbelebungsmaßnahmen dauert, desto unwahrscheinlicher wird es, dass sich Patienten an Geschehnisse aus der Zeit ihrer Reanimation erinnern. Diese Patienten erleben nichts während der Reanimation, weil das Gehirn nicht arbeitet. Das Sauerstoffdefizit ist in dem Fall zu groß. Was selbstverständlich eine Nahtoderfahrung, die gleich zu Beginn des Kreislaufstillstands oder später in der Aufwachphase auftritt, nicht ausschließt.

Was beweisen die anderen Fälle von Bewusstsein, die in der Studie festgestellt wurden? Sie beweisen, dass Erlebnisse in der Nähe des Todes vielfältiger sind, als die Thanatologen das darzustellen versuchten. Die meisten passen nicht ins Korsett der NTE-Skala.

Doppelte Standards

Parnia mokiert sich über eine Studie, in der Patienten an einen BIS-Monitor angeschlossen wurden. (S.208f in [40]) Die Autoren der Studie stellten fest, dass die elektrische Aktivität in den letzten Lebensminuten der Patienten anstieg, und vermuten, dass die Patienten während der Aktivitätssteigerung in ihrem Gehirn eine Nahtoderfahrung gehabt haben könnten. Parnia verweist darauf, dass dafür viele Ursachen infrage kämen und man nicht wissen könne, ob die Patienten etwas erlebt haben. Hierin ist ihm recht zu geben. Die Patienten konnten nicht mehr befragt werden, weshalb man nicht feststellen konnte, ob sie etwas – und falls ja: was sie - erlebt haben. Aber ein paar Seiten später (und in der Aware Studie) spekuliert er wild herum: Er vermutet, dass möglicherweise sehr viel mehr Menschen Nahtoderlebnisse haben. Diese aber durch Medikamenteneinfluss und Koma nicht mehr erinnert werden könnten. Es gibt aber keinen Grund zur Annahme, dass dies zutrifft. Es ist eine wilde Spekulation.

Man fordert von der Wissenschaftsgemeinde eine offene Geisteshaltung, wenn es um NTE-Belange geht. Das ist verständlich. Aber dieser offenen Geisteshaltung sollte auch eine offene Geisteshaltung der NTE-Gemeinde gegenüberstehen. Die vermisst man aber bei den Nahtodforschern. Im Gegenteil stößt man hier auf eine verengte Geisteshaltung, wenn Fälle manipulativ dargestellt werden. Objektivität sieht anders aus.

Ist das Unternehmen der Thanatologie überhaupt wissenschaftlich? Wissenschaft zeichnet sich dadurch aus, dass Theorien falsifizierbar sind. D.h., man muss angeben können, welche Beobachtungen eine Theorie widerlegen würden. Das kann man aber bei den Grundannahmen der Thanatologie nicht.

Dass thanatologische Theorien in der Welt der Naturwissenschaft auf Ablehnung stoßen, liegt in der Natur der Sache. Ein Physiologe, der erforscht wie Wahrnehmung funktioniert, wie Reize von Sinnesorganen verarbeitet werden, wie Nerven und die Verarbeitung im Gehirn entstehen, wird sich mit Fug und Recht verarscht vorkommen, wenn ihm ein Thanatologe erklärt: „Schön und gut was du da machst, aber das mit Sehen, Riechen, Hören, usw., und Denken funktioniert auch ganz ohne Sinnesorgane und Gehirn. Und sogar viel besser. Die Gedanken werden schärfer. Die Farben prächtiger. Blinde können sehen, Gelähmte können gehen."

Wenn das stimmte, dann wäre das Gehirn eine Behinderung; denn sobald das Gehirn wieder regulär arbeitet, gehen die wunderbaren Fähigkeiten verloren. Das Gehirn ist nach dieser Sichtweise eine Art Gefängnis, das der Seele die wunderbare Welt vorenthält.

Dennoch steht die Wissenschaft auch verrückt wirkenden Phänomenen offen. Aber ein Beweis ist nötig.

Thanatologen vergleichen die Thanatologie gerne mit der Quantenmechanik. Auch die behaupte Ungewöhnliches und stelle das bisher Gewusste auf den Kopf. Dabei übersieht man signifikante Unterschiede: Vor Entwicklung der Quantenmechanik hatte man mit dem anomalen Zeeman Effekt eine Anomalie, die mit herkömmlichen Theorien nicht befriedigend erklärt werden konnte. Wissenschaftler konnten sich in reproduzierbaren Versuchen überzeugen, dass diese Anomalie existiert. In der Nahtodforschung behauptet man nur, dass man eine Anomalie hätte. Alles was die Nahtodforscher vorgelegt haben, kann mit herkömmlichen Theorien befriedigend erklärt werden. Es ist unnötig supernaturalistische Effekte anzunehmen.

Es gibt keinen Fortschritt in der Thanatologie. Der Wissensstand ist seit den Anfängen nicht gewachsen. Wilde Behauptungen und Spekulationen bestimmen die Szene. Überprüfbare Fakten sind Mangelware.

Erklärungen

Eine einheitliche Erklärung für alle Nahtoderfahrungen wird es wahrscheinlich nicht geben. Dazu sind sowohl die Erlebnisse als auch die Situationen in denen diese auftreten, zu unterschiedlich. Menschen, die einen Kreislaufstillstand erleiden, Menschen, die sich in Lebensgefahr befinden oder wähnen, Menschen, die meditieren, Menschen in Trance, Menschen unter Stress können NTE haben. Ebenso Menschen, die dem Sterben eines Angehörigen beiwohnen. Diese sogenannten empathischen NTE beschreibt Moody in seinem jüngsten Werk „Gemeinsam im Licht".

Manche zählen auch bestimmte Drogenerfahrungen zu den NTE. Teilweise werden auch Träume als NTE gewertet. Der Trend geht in Richtung Ausweitung. Manche suchen schon Leute, die über ihre NTE, die sie im Mutterleib erlebten, berichten.

Unterschiedlich ist auch, auf welche Weise Menschen von ihrer NTE wissen: Manche Menschen haben Erinnerungen an die NTE, manche Menschen entdecken ihre NTE unter Hypnose, und andere bauen sich ihre NTE selbst zusammen. (Siehe: Die allmähliche Verfertigung des Nahtoderlebnisses) Was zu einer Inflation an Nahtoderfahrenen geführt hat.

Bei der Vielfalt an NTElern erscheint nur eine Vielfalt an Erklärungen aussichtsreich. Vor allem bei Menschen, die ihre NTE unter Hypnose oder psychotherapeutischen Sitzungen entdecken, ist die Vermutung nicht abwegig, dass ihre NTE auf falschen Erinnerungen beruht. Das Gedächtnis ist trügerisch. Falsche Erinnerungen können sehr einfach durch Suggestion hervorgerufen werden. (Siehe Loftus in [71])

Und auch dann, wenn direkte Erinnerungen vorhanden sind, stellt sich die Frage, wie weit das Erlebnis so stattgefunden hat, wie geschildert. Gedächtnisinhalte werden ständig umgearbeitet.

Dann stellt sich die Frage, welche Substanzen vom NTEler genommen wurden, und welche Substanzen diesem verabreicht wurden.
Es gibt keine Charakteristika, welche ausschließlich Nahtodsituationen zugehörig sind. Alles, was während Nahtodsituationen erfahren wird, kann auch anderweitig erlebt werden. Von Konsumenten von Betäubungsmitteln wie LSD, Psilocybin, Meskalin und Haschisch wird berichtet, dass vereinzelt alle NTE-Elemente auftreten. Ketanest-Narkosen rufen Außerkörperlichkeitserfahrungen und andere mit NTE assoziierte Erlebnisinhalte hervor. Ketamin wirkt auf die NMDA-Rezeptoren. Auf diese Rezeptoren kann –vermittelt durch Botensubstanzen wie Stickstoffmonoxid- auch Sauerstoffmangel wirken.

Eine Hypothese besagt, dass Sauerstoffmangel im Gehirn eine NTE auslösen kann. Diese Hypothese wird von vielen NTE-Jüngern vorschnell verworfen, weil es viele Berichte über NTE, in denen Sauerstoffmangel keine Rolle spielt, gibt. Das bedeutet, dass NTE auch anders ausgelöst werden können, spricht aber nicht dagegen, dass bei Patienten, bei denen Sauerstoffmangel im Gehirn auftritt, der Sauerstoffmangel die NTE auslöst. Dass plötzlicher Sauerstoffmangel im Gehirn NTE-Effekte bewirken kann, wurde bei Zentrifugentests, mit denen man bei Probanden das G-Loc-Syndrom auslöste, nachgewiesen. Bei einigen Versuchsteilnehmern mit G-Loc-Syndrom traten Außerkörperlichkeitserfahrungen auf. Auch wurden strahlend leuchtende Farben und wunderschöne Umgebungen berichtet. (Vgl. Blackmore S.46)

In Rattengehirnen wurde ungewöhnliche Aktivität mit hohem Gammawellenanteil gemessen, nachdem das Herz der Ratten mit Kaliumchlorid gestoppt wurde.

Das ist ein deutlicher Hinweis darauf, dass im Gehirn in den Sekunden nach einem Herzstillstand kognitive Prozesse ablaufen können. (Vgl: [65]) Wenn der sensorische Input fehlt, dann dreht das Gehirn auf vollen Touren. Halluzinationen treten bei Reizdeprivationsexperimenten auf. Auch in eintönigen Umgebungen beginnt das Gehirn zu halluzinieren.

Die Kohlendioxidkonzentration kann ebenfalls eine Rolle spielen. Versuche von L. Meduna bestätigen, dass bei Überschuss an Kohlendioxid (Hyperkapnie) Erlebnisinhalte auftreten können, die auch bei NTE auftreten. U.a. Außerkörperlichkeitserfahrungen, Aufblitzen von Erinnerungen, strahlendes Licht, Tunnelerlebnisse, Gefühl von kosmischer Liebe.

Bei psychischem Stress und physischen Belastungen schüttet der Körper eine Menge psychoaktiver Substanzen aus. Unter anderem Endorphin. Was Gefühle von Frieden und Glück erklären kann. Allerdings halten Endorphinwirkungen in der Regel längere Zeit an, wohingegen NTE ein abruptes Ende nehmen. Deshalb sind andere Kandidaten bei der Suche nach einem direkten Auslösemechanismus der NTE aussichtsreicher. Vor allem Dimethyltryptamin (DMT) ist in jüngerer Zeit als möglicher NTE-Auslöser zu Prominenz gelangt. Es findet sich im menschlichen Körper und zeitigt in höheren Dosen NTE-Effekte. Leute, denen in Versuchen DMT verabreicht wurde, hatten dieselben Erlebnisse wie Nahtoderfahrende. (Siehe [56])

Endorphine könnten aber durchaus indirekten Einfluss nehmen, weil endogene Morphine, zu denen Endorphin gehört, die Anfallsschwelle im Schläfenlappen senken. Schläfenlappenanfälle sind mitunter ekstatisch. Ekstatische Anfälle können mit ungemeinem Glücksgefühl, eine empfundene Einsicht in die Bedeutung aller Dinge und Gotteserkenntnis, einhergehen. Auch verändert sich die Persönlichkeit der Betroffenen.

Eine instabile Aktivität im Schläfenlappen und Scheitellappen kann Außerkörperlichkeitserfahrungen zur Folge haben. Schon Wilder Penfield fand heraus, dass sich durch lokale elektrische Stimulation dieser Gehirnteile Erinnerungen, Traumsequenzen, akustische Eindrücke evozieren lassen.

Olaf Blanke löste „Schweberfahrungen" bei einer Patientin aus, als er ihren Gyrus angularis elektrisch stimulierte. Bei leichter Stromstärke berichtete die Frau von einem Gefühl des Sinkens. Bei höherer Stromstärke hatte sie dann den Eindruck aus ca 2 Meter Höhe auf ihren Unterkörper herabzuschauen. (S.52 in [26])

Psychologische Erklärungen, wie dass das Nahtoderlebnis eine Wuncherfüllung sei, greifen eher nicht, weil es dafür zu viele negative Erlebnisse gibt. Diese könnten nur für ausgemachte Masochisten eine Art Wunscherfüllung sein. Von denen es aber nicht so viele gibt. Man könnte einwenden, dass die negativen Erlebnisse immer noch besser als die Realität seien, in denen der Patient bewegungsunfähig, mit Beatmungsschlauch in der Luftröhre, der Situation ausgeliefert ist. Wenn schon fantasiert wird, warum nicht positiv?

Auch überzeugt die Erklärung nicht, dass das Sterbeerlebnis eine Erinnerung des Geburtsvorgangs sei. Denn dann müsste es in Sachen NTE deutliche Unterschiede geben zwischen Kaiserschnittgeborenen und solchen, die durch den Geburtskanal gepresst wurden. Was aber nicht der Fall ist: Studien haben gezeigt, dass es in Sachen Nahtoderlebnisse keinen Unterschied zwischen Kaiserschnittgeborenen und auf natürlichem Wege auf die Welt Gekommenen gibt. (Siehe Blackmore in [4])

Schluss

Interessant ist die Nahtodforschung für Leute, die sich für veränderte Bewusstseinszustände interessieren. Für Leute, die gerne ein Leben nach dem Tod bewiesen hätten, oder auch den Beweis für paranormale Phänomene erbracht haben wollen, wird die NTE-Forschung nicht viel hergeben.

In den letzten vierzig Jahren sind die Forscher nicht weitergekommen in Sachen Überlebenshypothese. Obwohl sich viele Organisationen mit dem Thema beschäftigen, ist es nicht gelungen auch nur einen Fall zu präsentieren, in dem nachweislich paranormale Wahrnehmungen eine Rolle spielten. Es ist auch nicht gelungen, einen Fall zu präsentieren, in dem erwiesenermaßen Erleben ohne Gehirnvorgänge stattfand. Es ist nicht zu erwarten, dass in dieser Hinsicht noch etwas Beweiskräftiges vorgelegt wird.

Es besteht kein vernünftiger Zweifel daran, dass NTE Erfahrungsqualitäten sind, die sich im arbeitenden Gehirn abspielen. Diese Sichtweise ist nüchtern, aber nicht trostlos. Helfen könnte diese Sicht der Dinge Menschen die eine negative NTE durchgemacht haben. Diese können ihre NTE ähnlich wie einen schlechten Trip betrachten. Sie ist nichts, was einen Schluss auf Charakter oder gar ein nachtodliches Schicksal zulassen würde. Diejenigen, welche eine positive NTE erfahren haben, können sie dennoch als bedeutendes

Erlebnis in Erinnerung behalten, denn die Tiefe einer Erfahrung ist nicht davon abhängig, wie sie zustande kommt.

Wie steht es mit der Annahme, dass Sterben eine wunderschöne Angelegenheit sei? Die AWARE-Studie hat da einiges Desillusionierendes an den Tag gebracht. Die Mehrzahl der Patienten konnte sich aus der Zeit, während der ihr Herz keine Pumpfunktion mehr ausüben konnte, an nichts erinnern. Und von denen, die sich an etwas erinnern konnten, hatte ein erklecklicher Anteil ziemlich unangenehme Erlebnisse. Sterben ist meist nicht so toll.

Literatur:

[1] Alexander Eben: Blick in die Ewigkeit: Die faszinierende Nahtoderfahrung eines Neurochirurgen; München; 2013

[2]Alexander Eben: Vermessung der Ewigkeit 7 fundamentale Erkenntnisse über das Leben nach dem Tod; Müchen; 2015

[3] Atwater, PMH: Indigo-Kinder und die neue Zeit ab 2012; Stuttgart; 2007

[4] Blackmore, Susan: Neurophysiologische Erklärungen der Nahtodeserfahrung; S.37-63 in Knoblauch, Soeffner

[5] Blackmore Susan: The Adventures of a Parapsychologist; Prometheus Books UK; 1987

[6] Bunge M. und Mahner M.: Philosophische Grundlagen der Biologie; Berlin, Heidelberg, New York; 2000

[7] Burpo Todd, Vincent Lynn: Den Himmel gibt´s echt; Holzgerlingen; 16 Auflage Oktober 2015

[8] Canetti Elias: Über den Tod; München; 2003

[9] Duerr, Hans-Peter; Die Dunkle Nacht der Seele, Insel Verlag Berlin, 2015

[10] Ebbern, Mulligan, Beyerstein: Maria´s Near-Death Experience: Waiting for the Other Shoe to Drop; The Sceptical Inquirer Vol20 No. 4; Juli/August 1996

[11] Elsaesser Valarino Evelyn: Erfahrungen an der Schwelle des Todes: Wissenschaftler äußern sich zur Nahtodeserfahrung; Genf; 1995

[12] Engmann, Birk: Mythos Nahtoderfahrung; Stuttgart, Hirzel; 2011

[13] Faulstich, Joachim, Das Innere Land; München; 2003

[14] Gardner, Martin: How not to test a Psychic; 10 Years of Remarkable Experiments with Renowned Clairvoyant Pavel Stepanek; Prometheus Books; 1989

[15] Greene, Brian: Der Stoff, aus dem der Kosmos ist; München; 2004

[16] Greyson, Bruce: The Near-Death Experience Scale; S.369-375 in: The Journal of Nervous and Mental Disease; Vol. 171, No6; 1983

[17] Heim Albert: „Notizen über den Tod durch Absturz" in Jahrbuch des Schweizer Alpenvereins 1892

[18] Hofstadter, Douglas: Ich bin eine seltsame Schleife; Suttgart; 2008

[19] Jakoby, Bernhard: Auch Du lebst ewig; München; 2000

[20] Kelly, Greyson & Stevenson: Beweisen Todesnäheerfahrungen das Überleben der menschlichen Persönlichkeit nach dem Tod? S.101-127 in Knoblauch, Soeffner

[21] Knoblauch, Hubert: Berichte aus dem Jenseits; Freiburg im Breisgau; 1999

[22] Knoblauch, Hubert; Soeffner, Hans-Georg (Hg): Todesnähe; Universitätsverlag Konstanz; 1999

[23] Kolb Bryan, Whishaw Ian Q.: Neuropsychologie; Spektrum Akademischer Verlag; 1993

[24] Kübler-Ross Elisabeth: Warum wir hier sind; Güllesheim; 1999

[25] Kübler-Ross Elisabeth: Über den Tod und das Leben danach; Güllesheim; 40 Auflage 2012

[26] Linke Detlef B.: An der Schwelle zum Tod in Gehirn &Geist Nr 3/2003 (S.47-52)

[27] Lommel, Pim: Endloses Bewusstsein; München; 2013

[28] Long, Jeffrey: Beweise für ein Leben nach dem Tod; München, 2010

[29] Malarkey Kevin&Alex: Der Junge, der aus dem Himmel zurückkehrte: Eine wahre Geschichte; Aßlar; 5 Auflage; 2011

[30] Metzinger, Thomas: Der Ego-Tunnel; Berlin; 2009

[31] Metzinger Thomas (Hrsg.): Grundkurs Philosophie des Geistes Band2: Das Leib-Seele-Problem; Paderborn; 2007

[32] Michels, Johannes: Auch Zweifler kommen in den Himmel: Ein authentischer Nahtodbericht; Leipzig; 2014

[33] Milbourne Christopher: Search For The Soul: An Insider's Report On The Continuing Quest By Psychics and Scientists For Evidence Of Life After Death. Crowell; 1979

[34] Moody, Raymond: Leben nach dem Tod; Augsburg; 1998 [original 1975]

[35] Moody, Raymond: Nachgedanken über das Leben nach dem Tod: Reinbek bei Hamburg; 1978

[36] Moody, Raymond: Das Licht von drüben; Reinbek bei Hamburg; 1997 [original 1988]

[37] Moody Zusammen im Licht: Was Angehörige mit Sterbenden erleben; München; 2011

[38] Nietzsche Friedrich: Also sprach Zarathustra; Köln; 2005

[39] Nuland Sherwin B.: Wie wir sterben; München; 1994

[40] Parnia, Sam; Josh Young: Der Tod muss nicht das Ende sein; München; 2015

[41] Rawlings Maurice S.: Zur Hölle und zurück; Hamburg; 4 Auflage; 1996

[42] Rawlings Maurice S.: Jenseits der Todeslinie: Neue klare Hinweise auf die Existenz von Himmel und Hölle; Baden (Schweiz); 4 Auflage; 1987

[43] Ring, Kenneth: Life at Death: A scientific investigation of near-death experiences; New York; 1982

[44] Ring, K. and M. Lawrence. 1993. "Further Evidence for Veridical Perception during Near-Death Experiences." *Journal of Near-Death Studies* 11: 223-229

[45] Ring K. and Cooper S,: Mindsight: Near-Death and Out-of-Body Experiences in the Blind; William James for Consciousness Studies at the Institute of Transpersonal Psychology; 1999

[46] Roitzsch, Peter: Tod, wo ist dein Stachel?: Nahtoderfahrungen und Sterbebettvisionen. Physikalische Sicht auf ein unsterbliches Bewusstsein (Edition Octopus); Münster; 2014

[47] Roth Gerhard: Das Gehirn und seine Wirklichkeit; Frankfurt a M.; 1997

[48] Roth Gerhard: Aus Sicht des Gehirns; Frankfurt a. M.; 2003

[49] Ros Arno: Materie und Geist; Münster; 2005

[50] Sabom, Michael B.: Erinnerungen an den Tod; München; 1987 (3 Auflage)

[51] Sabom, Michael B.: Light&Death; Grand Rapids; 1998

[52] Sacks Oliver; Drachen, Doppelgänger und Dämonen – Über Menschen mit Halluzinationen; Reinbek bei Hamburg; Juni 2014

[53] Schröter-Kuhnhardt Michael: Nah-Todeserfahrungen aus psychiatrisch-neurologischer Sicht; S.65-99 in Knoblauch, Soeffner

[54] Siegel, Ronald K.: Halluzinationen; Reinbek bei Hamburg; 1998

[55] Stolp Hans: Die ersten drei Tage im Jenseits: was die Seele unmittelbar nach dem Ablegen des Körpers durchlebt; Grafing; 2014

[56] Strassmann Rick: DMT – Das Molekül des Bewusstseins: Zur Biologie von Nahtod-Erfahrungen und mystischen Erlebnissen; Aarau; 3 Auflage 2004

[57] Thoene Bodie, Habib Samaa: Ich kam zurück: Eine ehemalige Muslimin erlebt den Himmel; Gießen; 3 Auflage 2015

[58] Twain, Mark: Käptn Stormfields abenteuerliche Himmelsreise. Nach seinen eigenen Erzählungen und Aufzeichnungen; München; 1990

[59] Vilar, Esther: Wie lebenswert wäre das Ewige Leben?; Berlin; 1992

[60] Wittgenstein, Ludwig: Tractatus logico-philosophicus,Frankfurt a.M.; 1984

[61] Ziegenfuß Thomas: Notfallmedizin; Berlin, Heidelberg, New York; 2011 (5 Auflage)

Internetquellen:

[62] Augustine, Keith: Hallucinatory Near-Death Experiences (2003)(updated2007)
http://infidels.org/library/modern/keith_augustine/HNDEs.html
zuletzt abgerufen am 15.6.2016

[63] Bartens, Werner: Operiert bei vollem Bewusstsein
http://www.sueddeutsche.de/wissen/medizin-des-schreckens-operiert-bei-vollem-bewusstsein-1.1043733
zuletzt abgerufen am 15.6.2016

[64] Dittrich, Luke: The Prophet
http://www.esquire.com/entertainment/interviews/a23248/the-prophet/
zuletzt abgerufen am 15.6.2016

[65] Dönges, Jan: Hochkoordinierte Hirnaktivität nach Herzstillstand;
http://www.spektrum.de/news/hochkoordinierte-hirnaktivitaet-nach-herzstillstand/1203982
zuletzt abgerufen am 22.2.2016

[66] Endloses Bewusstsein: Medizinische Fakten und ein Erfahrungsbericht zu Nahtoderfahrungen; Zusammenfassung eines Vortrags von Pim van Lommel und Sabine Mehne
http://www.hinweis-hamburg.de/wp-content/uploads/Hinweis_2010_04.pdf
zuletzt abgerufen am 15.6.2016

[67] Heil Georg, Kubisch Volkmar, Riedel Katja: Beruf: „Ehefrau bei Islamischer Staat"
http://www.sueddeutsche.de/muenchen/is-sympathisantin-aus-muenchen-beruf-ehefrau-bei-islamischer-staat-1.2456901
zuletzt abgerufen am 22.2.2016

[68] Käufer Tobias: Miss Bum Bum geht jetzt in die Kirche
http://www.welt.de/vermischtes/article146317758/Miss-Bum-Bum-geht-jetzt-in-die-Kirche.html
zuletzt abgerufen am 22.2.2016

[69] Kompa Markus: „Projekt Alpha" – Magier undercover

http://www.heise.de/tp/artikel/25/25355/1.html
zuletzt abgerufen am 15.6.2016
 [70] Lichfield Gideon: The Science of Near-Death Experiences
http://www.theatlantic.com/magazine/archive/2015/04/the-science-of-near-death-experiences/386231/
zuletzt abgerufen am 22.2.2016
[71] Loftus Elizabeth F. : Falsche Erinnerungen
http://www.sektrum.de/magazin/falsche-erinnerungen/823559
zuletzt abgerufen am 15.6.2016
 [72] Lommel P. et al: Near-death experience in survivors of cardiac arrest: a prospective study in the Netherlands
http://www.anomalistik.de/sdm_nde.pdf
zuletzt abgerufen am 15.6.2016
 [73] Lutteroth, Johanna: Legendäre Spuk-Posse Claudias Geist
http://www.spiegel.de/einestages/legendaere-spuk-posse-claudias-geist-a-947494.html
zuletzt abgerufen am 15.6.2016
 [74] Parnia Sam et al: AWARE-Awareness during Resusicitation – A prospective study
http://www.resuscitationjournal.com/article/S0300-9572%2814%2900739-4/fulltext
 [75] Ring, Cooper: Near-Death and Out-of-Body Experiences in the Blind
http://www.newdualism.org/nde-papers/Ring/Ring-Journal%20of%20Near-Death%20Studies_1997-16-101-147.pdf
zuletzt abgerufen am 15.6.2016
 [76] Russell Bertrand: Warum ich kein Christ bin
http://www.atheisten-info.at/downloads/russell.pdf
zuletzt abgerufen am 15.6.2016
 [77] Shailesh Bihari, Venkatakrishna Rajajee: Prolonged Retention of Awareness During Cardiopulmonary Resuscitation for Astolic Cardiac Arrest; in:
http://link.springer.com/article/10.1007%2Fs12028-008-9099-2
zuletzt abgerufen am 15.6.2016
 [78] Smit, Rudolf: Corroboration of the Dentures Anecdote Involving Veridical Perception in an Near-Death Experience
http://netwerknde.nl/wp-content/uploads/jndsdentureman.pdf
zuletzt abgerufen am 15.6.2016
[79] Smit Rudolf, Rivas Titus: Rejoinder to "Response to `Corroboration of the Dentures Anecdote Involving Veridical Perception in a Near-Death-Experience`"
 http://netwerknde.nl/wp-content/uploads/denturesman-sequel.pdf
zuletzt abgerufen am 15.6.2016
[80] Stein, Annett: Komapatienten: Was sagtder Zuckerumsatz über die Aufwach-prognose?
http://www.spiegel.de/gesundheit/diagnose/prognose-bei-hirnschaeden-durch-zuckerumsatz-a-1094811.html

zuletzt abgerufen am 15.6.2016

[81] Stukenberg Timo: Nahtod-Erlebnisse: Schweben über dem OP-Tisch
http://www.spiegel.de/wissenschaft/mensch/nahtoderlebnisse-studie-belegt-bewusstsein-bei-herzstillstand-a-995996.html
zuletzt abgerufen am1 5.6.2016

[82] Tart Charles T.: A Psychophysiological Study of Out-of-the-Body Experiences in a Selected Subject:
http://www.psywww.com/asc/obe/missz.html
zuletzt abgerufen am 15.6.2016

[83] The Greyson NDE-Scale:
https://iands.org/research/important-research-articles/698-greyson-nde-scale.html
zuletzt abgerufen am 15.6.2016

[84] Ulrichs/Böttiger/Padosch: Total recall – is it ethical not to sedate people during succesful resuscitation; in:
http://www.resuscitationjournal.com/article/S0300-9572%2814%2900006-9/abstract
zuletzt abgerufen am 15.6.2016

[85] Viciano Astrid: Forschung zwischen Leben und Tod
http:///www.stern.de/panorama/wissen/mensch/nahtod-erfahrungen-forschung-zwischen-leben-und-tod-3448408.html
zuletzt abgerufen am 15.6.2016

[86] Woerlee Gerald: The Pam Reynolds Near-Death Expierence
http: //neardth.com/pam-reynolds-near-death-experience.php
zuletzt abgerufen am 15.6.2016

[87] Woerlee Gerald: Succesful Test of the Possibility that Pam Reynolds Heard Normally During her NDE
http: //neardth.com/failed-hearing-test.php
zuletzt abgerufen am 15.6.2016

[88] Woerlee Gerald: The Denture Man NDE
http: //neardth.com/denture-man.php
zuletzt abgerufen am 15.6.2016

[89] Woerlee, Gerald: Near-Death Experiences in Survivors of cardiac arrest:
http: //neardth.com/near-death-experiences-in-survivors-of-cardiac-arrest.php
zuletzt abgerufen am 15.6.2016